어린이를 위한
역사의 쓸모 ③

조선 후기 – 근현대

초등 별님들의 역사 놀이터
최태성 초등TV

글 큰★별쌤 최태성

랜선 제자만 700만 명, 역사 커뮤니케이터!
고교 시절 성적이 잘 나와서 역사를 잘하는 것으로 착각하고 사학과에 진학했다. 그러나 대학교 1학년 때 우연히 5·18 민주화 운동 영상을 보고 그동안 알고 있던 역사적 사실에 회의를 느끼게 되면서 다시 새로운 시선으로 역사를 공부하게 되었고, 그 후 지난 30년간 고등학교 역사 교사, 한국사 교과서 집필, TV 역사 프로그램 진행, 역사 강연 등의 활동을 하며 '역사란 무엇인가'라는 질문에 대한 답을 찾는 여정을 이어 왔다. 지금은 '역사란 사람을 만나는 인문학'임을 믿으며 과거의 시간과 사람에 대한 애정을 가슴에 담고 살아가고 있다.

- 전 대광고등학교 교사, EBS 한국사 대표 강사
- 유튜브 채널 '최태성 1TV', '최태성 2TV', '최태성 초등TV' 무료 강의 진행
- 사랑의열매 고액 기부자 모임 '아너 소사이어티' 회원 및 홍보대사
- KBS 〈역사저널 그날〉, tvN STORY 〈벌거벗은 한국사〉 등 출연

그림 신진호

대학과 대학원에서 조형 예술을 공부하고 일러스트레이터로 활동하고 있다. 네이버 그라폴리오에 〈심플라이프〉라는 제목으로 일상의 소중함과 인생의 아름다움을 담은 작품을 연재하고 있다. 그림을 그린 책으로 《매화꽃 편지》, 《선감학원의 비밀》, 《우리는 벚꽃이야》, 《여름맛》, 《다와의 편지》, 《창덕궁 꾀꼬리》, 《퓨마의 오랜 밤》, 《그냥 베티》 등이 있다.

G grafolio.ogq.me/profile/신진호/projects   instagram.com/sunnyshino

어린이를 위한
역사의 쓸모 ❸

조선 후기 – 근현대

글 최태성 | 그림 신진호

다산
어린이

들어가는 글

많이 배우지 맙시다!

　우리는 아침에 눈을 뜨자마자 잠들 때까지 학교와 학원에서 시간을 보내요.
　그렇지만 너무 열심히 배우다 보면 그만큼 지혜로운 삶에서는 멀어질 수도 있습니다.

　잠깐만
　배움을 멈추고
　책을 덮고
　가만히 생각해 봐요.

나는 누구인지
나는 어떻게 살 것인지
자주, 많이 생각해 봅시다.

이 책에서는 많은 역사적 사실을 나열하기보다 역사를 읽으며 어떻게 생각해야 할지 방향성을 알려주는 데 초점을 맞췄습니다. 그래서 이 책은 다른 책에 비해 불친절해 보일지도 몰라요. 유물을 보여 주는 사진도 별로 없고 만화로 쉽게 역사적 사실을 보여 주는 것도 아니거든요. 그저 추상적인 삽화 몇 컷이 들어가 있을 뿐이지요.

일부러 그렇게 구성했습니다.
왜냐고요?
책을 읽으며 상상하기 위해서요.

여러분이 역사 속에서 마음껏 상상할 수 있도록 말이에요. 선생님은 여러분의 그런 상상들이 모두 존중받아야 한다고 생각해요.

이 세상에 사는 사람들은 모두 각자의 색깔을 가지고 살아가요. 하나도 같지 않습니다. 각자 다른 색깔의 사람들이 모여 하나의 지구를 형성하지요. 서로 다른 사람이 모여 만들어진 지구. 그 모든 시간을 담고 있는 것이 바로 역사입니다. 역사는 결국 지나간 사람의 삶을 통해 나의 삶을 채워 나갈 수 있도록 도와주는 학문이에요.

많이 배웁시다.
무엇에 대해서?
나에 대해서요.

우리는 정말 긴 시간을 살아가요.
그런데 정작 '나' 자신을 모르고 살아간다면 얼마나 허무하겠어요.

세상에 오직 하나뿐인 '나'.

이 책에 등장하는 많은 과거 사람들과 대화하며 나 자신을 찾아갈 수 있어요.

그래서 역사는 정말 쓸모 있습니다.

아무쪼록 이 책이 여러분의 건강한 성장에, 여러분을 찾아 떠나는 여행에 좋은 친구가 되길 바랍니다.

2022년 분당 연구소에서

차례

들어가는 글 · 4

1장 병자호란은 패배할 수밖에 없었던 전쟁인가요? 11
합리적인 선택

2장 정약용은 왜 유배지에서
그렇게 많은 책을 썼나요? 24
역사를 아는 사람의 태도

3장 김홍도의 작품이 그렇게 대단한 그림인가요? 39
역사가 되는 일상

4장 갑신정변은 그저 실패한 시도 아닌가요? 51
새로운 세상을 꿈꾸는 희망

5장 역사 속에서 성공한 사람들은
모두 훌륭하게 살았나요? 70
우리를 바꾸는 진짜 꿈

6장 일본은 우리나라를 어떤 식으로 지배했나요? 86
우리 마음을 지키자

7장 대한민국이라는 이름은 어떻게 정해졌나요? 104
대한민국의 출발

8장 독립운동가들이 목숨을 걸고
싸웠던 이유는 무엇인가요? 120
나는 누구로 살 것인가

9장 일제 강점기 학생들은 어떤 공부를 했나요? 135
학생은 역사의 거인이다

10장 윤동주 같은 시인도 독립운동가인가요? 147
반성하는 마음

11장 우리는 미래를 위해 어떤 꿈을 꾸어야 할까요? 162
우리의 소원은 통일

12장 나도 역사를 위해 무언가를 할 수 있을까요? 179
역사에 무임승차하지 말자

사진으로 만나는 문화유산 · 194
《어린이를 위한 역사의 쓸모》를 추천해 주신 선생님들 · 204

병자호란은 패배할 수밖에 없었던 전쟁인가요?

합리적인 선택

　찬 바람이 불어오던 1월의 어느 날, 조선 국왕인 인조는 청에 항복하기 위해 남한산성을 나와 삼전도(지금의 서울특별시 송파구 삼전동)로 향했습니다. 세자와 신하들이 그 뒤를 따랐죠. 인조는 원래 입던 붉은 곤룡포가 아닌 하급 관리들이 입는 남색 옷을 입어야 했습니다. 청의 장수는 인조 일행에게 서둘러 가라고 재촉했어요.

　삼전도에 다다르니 청의 황제가 앉아 기다리고 있었습니다. 그 옆에는 청의 군사들이 진을 치고 있었죠. 인조는 황제 앞에서 세 번이나 절을 하고 머리를 무려 아홉 번이나 조아리며 항복했어요.

이 정도로 끝났다면 그나마 다행이었을 거예요. 조선은 항복의 대가로 왕자를 비롯하여 신하 수십 명을 청에 인질로 보내야 했습니다. 그리고 죄 없는 수십만 명의 백성도 청에 포로로 끌려갔지요. 이들은 청에서 노예와 같은 비참한 삶을 살아야 했고, 이 중에서는 조선으로 다시 돌아오지 못한 사람들도 많았어요. 이 모든 굴욕과 슬픔은 약 오십 일 동안 이어진 병자호란이 불러온 참혹한 결과였습니다.

지금도 서울 석촌호수에 가면 병자호란의 흔적이 남아 있는 삼전도비를 만나 볼 수 있습니다. 비석에는 청을 배신한 조선을 꾸짖고, 청의 황제가 베푼 은혜를 평생 잊지 말라는 내용이 새겨져 있지요.

...

 후회가 되는 순간이 떠올라 이불을 걷어차 본 적이 있나요? 우리는 종종 과거를 돌아보며 아쉬워합니다. 시간을 되돌릴 수만 있다면 부끄러운 순간, 잘못된 순간을 어떻게 해서든 바꿀 수 있을 것 같으니까요.

 하지만 과거로 돌아가지 못하는 우리가 할 수 있는 일은 매 순간 후회 없는 선택을 하기 위해 노력하는 것뿐입니다. 먼저 어떤 일을 결정하기 전에 가장 합리적 선택이 무엇인지 고민해 봐야 해요. 합리적 선택을 내린다면 미래에 후회할 일도 줄어들겠죠. 합리적 선택은 여

러 가지 상황을 생각해 최대한 이익을 얻을 수 있도록 하는 거예요.

역사에서도 합리적 선택이 중요합니다. 특히 병자호란처럼 안타까운 역사 속 사건들을 바라볼 때면 당시 조선을 다스리던 지배층이 내린 결정이 과연 최선의 선택이었나 하는 생각이 들어요.

조선은 왜 최선의 선택을 하지 못했을까요?

조선이 세워질 당시 중국에는 명이라는 왕조가 들어서 있었어요. 조선은 이후 오랫동안 명과 군신 관계를 맺었지요. 군신 관계는 임금과 신하 관계를 말해요. 명을 임금처럼 섬기는 나라로 인정한 거예요. 그런데 임진왜란을 겪으면서 명의 힘은 점점 약해지고 중국에서 후금이라는 나라가 힘을 키우고 있었어요. 새롭게 떠오르는 후금이 중국 대륙 전체를 집어삼킬지도 모르는 상황이 었습니다.

그러면 조선은 이럴 때 어떻게 해야 했을까요? 떠오르는 세력인 후금과도 가까이 지내야 하지 않았을까요? 하지만 당시 조선의 지배층은 '친명배금' 정책을 펼쳤어요. 명과 친하게 지내고 후금을 멀리한다는 뜻이지요.

명은 임진왜란 때 조선을 돕기 위해 군사를 보내 주었거든요. 이후 조선은 명을 '멸망한 조선을 다시 살려 준 고마운 나라'라고 생각하면서 섬겨 왔어요. 그에 비해 후금은 오랑캐라며 은근히 무시했고요.

결국 후금은 조선을 침략합니다. 이 사건을 '정묘호란'이라고 불러요. 이때는 후금도 명과의 전쟁을 앞두고 있어 조선과 전쟁을 치르기 부담스러웠어요. 결국 후금은 조선과 형제 관계를 맺고 돌아갑니다.

하지만 조선은 이후에도 후금에 대한 태도를 바꾸지 않았습니다. 물론 약속한 것이 있으니 눈치는 봤을 거예요. 하지만 시간이 지나 명을 누를 만큼 세력이 커진 후금은 이제 조선에 형제 관계가 아닌 군신 관계를 요구해요. 신하가 되어 후금을 임금처럼 모시라는 거죠.

이제 조선의 지배층도 후금과의 문제를 외교적으로 잘 해결하자는 쪽과 후금에 맞서 싸워야 한다는 쪽으로 의견이 갈리기 시작합니다. 하지만 맞서 싸우자는 쪽이 조금 더 힘을 얻고 있었어요.

조선은 청의 침략에 어떻게 대비했나요?

후금은 점점 힘을 키워 나라 이름을 청으로 바꾼 뒤 황제 대관식을 열었습니다. 주변 여러 나라에서도 이를 축하하기 위해 사신을 보냈지요. 조선도 사신을 보냈어요. 그런데 이들의 태도가 축하하러 온 사람치고는 정말 뻣뻣했습니다. 조선 입장에서 황제라는 호칭을 쓸 수 있는 나라는 명뿐이었으니 청의 황제에게는 인사를 하지 않겠다고 버틴 거예요.

이런 조선 사신의 모습에 당연히 청은 노발대발했겠죠? 사신을 겨우 죽지 않을 정도로 때려서 조선으로 돌려보냅니다. 조선은 기껏 사신을 보내고도 청의 화만 돋우고 말았지요. 이처럼 조선의 지배층에게 체면과 자존심은 너무나 중요했습니다.

하지만 청은 예전에 조선이 무시하던 그 오랑캐가 아니었습니다. 청은 드넓은 중국 대륙 전체를 집어삼킬 만큼 성장한 강한 나라였지요.

결국 청은 또다시 조선에 쳐들어옵니다. 병자호란이 일어난 거예요. 그런데 막상 청에 맞서 싸우기를 선택했던 조선의 전쟁 준비는 허술하기 짝이 없었어요. 임진왜란이 끝난 지 삼십 년이 채 지나지 않았기 때문에 청을 상대하기에는 병력도 물자도 부족했습니다.

조선의 전략은 정면 승부가 아니라 도망치는 것이었어요. 일단 청이 침략하면 강화도로 도망쳐 시간을 끄는 거였죠. 그러면 청이 지쳐 돌아갈 것이라 생각했어요.

하지만 청군은 생각보다 훨씬 빠른 속도로 쳐들어왔

습니다. 인조는 강화도로 피신하려 했지만 청의 군대에 가로막혀 버렸죠. 인조와 신하들은 급한 대로 지금의 경기도 광주시에 있는 남한산성으로 몸을 피했어요.

남한산성에는 먹을 것도, 입을 것도 부족했습니다. 더구나 청이 쳐들어온 때가 한겨울이라서 성안에 갇힌 병사들은 정말 힘들었을 거예요. 조선의 병사들은 청을 물리치기 위해 열심히 싸웠지만 역부족이었어요. 결국 인조는 오십 일도 채 버티지 못하고 항복할 수밖에 없었습니다. 청을 오랑캐라고 무시하며 전쟁을 꼼꼼하게 준비하지 않았던 조선에게는 어찌 보면 당연한 결과였어요.

전쟁에서 진 조선은 조금이라도 변했나요?

전쟁에 패배하면서 인조와 신하들의 체면은 땅에 떨어졌어요. 청 황제에게 고개를 숙이고 절을 한 것도 자존심이 상하는 일이었지만 자기들만 살겠다고 남한산성으로 달아났으니 얼굴을 들 수가 없었을 거예요.

전쟁이 끝난 뒤 많은 백성이 청에 끌려가 고통을 받아야 했어요. 더 많은 공물도 바쳐야 했지요. 백성들 눈에 왕과 신하들의 모습이 얼마나 우스워 보였겠어요.

여러분이 병자호란에서 패배한 조선의 왕과 신하들이었다면 어떻게 행동했을까요? 자존심 때문에 잘못된 선택을 했다는 것을 인정할 수 있었을까요? 아쉽게도 인조와 신하들은 그렇지 않았습니다. 조선의 지배층은 그 뒤로도 꾸준히 자신들의 자존심을 지키려 노력했어요. 청에 대한 복수를 외치며 청을 공격해야 한다고 주장했죠. 백성들의 삶은 뒷전이었고요.

시간이 지나자 청을 본받자는 목소리가 여기저기서 나오기 시작했어요. 청에 비해 발전하지 못한 조선을 비판하기도 했고요. 하지만 그때는 이미 병자호란이 끝난 지 백여 년이 흐른 뒤였어요. 왜곡된 자존심을 지키기 위해 무려 백 년이나 시간을 낭비한 거지요.

최선의 선택으로
고구려의 전성기를 이끈 장수왕

물론 우리 역사에서 융통성 없이 자존심만 중요하게 생각한 나머지 나라 전체를 고통에 빠지게 했던 일만 있었던 것은 아니에요. 나라의 이익을 위해 자존심을 잠시 내려놓은 적도 있지요. 고구려의 장수왕을 보면 그런 모습을 확인할 수 있습니다.

장수왕은 고구려의 전성기를 이끈 왕이에요. 장수왕은 한강 유역까지 영토를 확장하고 동북아시아를 호령한 왕이었죠. 이런 사실은 우리에게 너무나 잘 알려져 있어요.

하지만 장수왕이 정말 잘했던 것은 따로 있습니다. 바로 '조공'이에요. 조공은 강한 나라에 선물을 주면서 우리 나라를 잘 봐 달라고 부탁하는 거예요. 한창 잘나가던 고구려가 다른 나라에 조공을 바쳤다니 신기하지 않나요?

당시 중국은 여러 나라로 갈라져 있었어요. 중국의 정통 왕조인 송 외에도 여러 나라가 세워져 서로 경쟁하던 시기였지요. 장수왕은 송과 친하게 지내기도 했지만 송에만 치우치는 외교를 하지는 않았습니다. 주변에 있는 북위나 북연 등 여러 나라와 관계를 맺으며 중립적인 태도를 취했어요.

이때 장수왕은 조공을 통해 여러 나라와 친한 관계를 유지하면서 전쟁을 최대한 피했습니다. 물론 당시 고구려는 전쟁이 일어나더라도 충분히 상대를 이길 만한 힘을 갖고 있었어요. 하지만 전쟁이 벌어지면 승리하더라도 큰 피해를 입을 수밖에 없거든요. 많은 백성이 죽거나 다칠 것이 뻔하고요.

장수왕은 자존심을 굽혀 조공을 하더라도 전쟁만큼은 막으려 했던 거예요. 자존심 대신 실제로 이익을 얻은 거죠. 이것이 장수왕의 선택이었어요.

역사는 우리의 합리적 선택을 돕는다

자존심을 지키는 태도는 중요합니다. 우리의 자존심을 지킬 때 남에게 굽히지 않고 자신의 품위를 지켜 낼 수 있어요. 하지만 지나치게 자존심과 체면만을 생각한 나머지 나와 주변 사람들을 힘든 상황으로 몰아넣는다면 그 선택이 정말로 자존심을 지킨 것일까요? 남의 시선만 의식하면서 정작 중요한 것을 놓친다면 자존심을 지켰다고 할 수 없을 거예요.

여러분도 어려운 문제 앞에서 어떤 선택을 내려야 할지 모르겠다면 병자호란을 떠올려 보세요. 그리고 당장의 체면과 자존심 때문에 나에게 도움이 되지 않는 선택을 내린 적은 없었는지 곰곰이 생각해 봐요. 역사는 겉으로 보이는 것 말고도 더욱 중요한 가치들이 있다는 사실을 다시 한번 깨닫게 해 주거든요.

정약용은 왜 유배지에서
그렇게 많은 책을 썼나요?

역사를 아는 사람의 태도

조선의 왕 중에서 가장 훌륭한 왕의 순위를 매겨 보라고 한다면 대부분 두 명의 이름이 먼저 나와요. 한 명은 말하지 않아도 알 것 같죠? 바로 세종 대왕입니다. 그리고 세종의 뒤를 이어 나오는 왕이 정조예요. 세종은 조선 시대 전기를, 정조는 조선 시대 후기를 대표하는 훌륭한 임금이에요.

그런데 정조는 정말 힘들게 왕이 되었습니다. 겨우 열한 살의 나이에 아버지를 잃었거든요. 심지어 아버지인 사도 세자를 죽인 사람은 할아버지인 영조였어요. 또 사도 세자를 못마땅하게 생각했던 신하들은 정조가 영조의 뒤를 잇는 것을 원치 않았어요. 그래서 정조는 왕위에 오르기까지 많은 방해를 받아야만 했습니다. 많은 어려움을 이겨 내고 즉위한 정조는 여러 개혁 정책을 펼치며 왕권을 강화하기 위해 힘써요.

왕권을 강화하기 위해 가장 먼저 해야 할 일은 자기를 따르는 사람들을 모으는 것이겠죠? 그래서 정조는 '규장각'이라는 일종의 왕실 도서관을 활용해요. 규장각에서는 과거에 있었던 왕들의 글을 보관하고 학문을 연구했어요. 정조는 이 규장각에 젊고 똑똑한 신하들을 뽑아서 배치합니다. 이것이 '초계문신' 제도예요.

초계문신은 과거에 합격한 사람 중에서 서른일곱 살이 되지 않은 신하를 뽑아 삼 년 정도 특별 교육을 하는 제도였어요. 정조와 함께 나라를 개혁할 인재를 길러 내는 것이지요.

젊은 학자들은 규장각에서 열심히 공부하며 개혁의 토대를 마련했어요. 이 중에는 역사에 중요한 업적을 남긴 인물도 많이 있어요. 이 초계문신의 대표적인 인물이 이번에 우리가 만나 볼 다산 정약용입니다.

...

정약용은 조선 후기를 대표하는 실학자입니다. 정약용이 살았던 조선 후기가 되면 '실학'이라는 새로운 학문이 등장해요.

실학의 핵심은 먹고사는 문제를 해결하는 데 있었어요. 원래 조선을 이끌었던 학문은 성리학이에요. 성리학은 현실의 문제를 직접 다루기보다는 사물의 근본적인 이치, 그리고 우주와 인간의 본성 등을 연구하는 학문이에요. 예를 들면 포도를 보면서 '포도가 무엇일까'를 끊임없이 고민하는 거죠.

물론 포도가 무엇인지 고민하는 것도 정말 중요합니다. 그런데 모든 사람들이 성리학만 공부한다면 평소 생활 속에서 만나는 실제 문제에는 관심을 덜 갖게 되겠지요? 그래서 실학이 나온 거예요.

실학을 공부하는 학자들은 포도가 무엇인지 고민하기만 하는 것은 먹고사는 문제를 해결하는 데 전혀 도움이 되지 않는다고 주장했어요. 그보다 포도를 어떻게 하면 더 맛있게 키울 수 있을지, 더 많이 수확할 수 있을지 고민하자고 말했지요. 그래서 이들은 사람들의 실생활에 도움이 되는 분야를 집중적으로 연구했습니다.

정약용은 이 실학을 연구하고 발전시킨 사람이에요. 그는 정치나 법, 의학, 지리, 언어 등 온갖 분야에서 능력을 발휘했습니다. 학문뿐만 아니라 기술에도 관심이 많았어요. 수원 화성을 설계하는 한편 무거운 물건을 들어 올리는 거중기, 높은 곳에 무언가를 달아 올릴 때 쓰는 녹로 같은 장치를 만들어 수원 화성 건설에 활용하기도 했지요. 또 평생 오백 권이 넘는 책을 썼다고 해요.

그런데 정약용만큼 억울한 삶을 살았던 사람도 많지 않습니다. 이렇게 다방면으로 뛰어난 능력을 갖고 있었으면서도 관직 생활이 잘 풀리지 않았거든요.

조선 시대에는 '유배'라는 형벌이 있었어요. 죄인을 먼 시골이나 섬으로 보내 그곳에서 살도록 하는 벌인데요. 정약용은 무려 십팔 년 동안이나 억울하게 유배 생활을 했어요. 그리고 유배가 끝난 뒤에도 다시는 관직에 오르지 못하고 세상을 떠나고 맙니다.

무언가를 해낸다는 것은 정말 쉽지 않은 일이에요. 좋은 마음으로 열심히 도전해도 결과가 좋지 못할 때가 참 많죠. 이렇게 최선을 다해 시작한 일이 잘 풀리지 않으면 우리는 당장이라도 포기하고 싶어져요. 처음에 갖고 있던 기대나 적극적인 마음가짐도 다 사라지고요.

그렇지만 정약용은 유배 생활을 포함해 그 뒤로 계속 펼쳐진 고된 삶 속에서도 자신에게 주어진 시간을 그냥 흘려보내지 않았어요. 누구보다 역사를 잘 알았기 때문이죠.

정약용은 왜 힘든 삶을 살아야만 했나요?

젊은 시절부터 정약용은 왕이었던 정조의 사랑을 듬뿍 받았어요. 조선 시대 전체를 살펴봐도 정약용만큼 능력이 뛰어난 사람은 많지 않거든요. 정조는 정약용의 능력을 알아봤던 것이죠.

정조와 정약용은 내기를 하며 함께 시간을 보낼 정도로 무척 가까운 사이였어요. 정조가 정약용의 활 쏘는 솜씨가 뛰어나지 못한 것을 알고는 억지로 활쏘기 연습을 시킬 만큼 짓궂은 장난도 칠 수 있는 사이였죠. 두 사람을 보고 있으면 임금과 신하가 아니라 친한 친구 사이처럼 느껴지기도 해요.

하지만 정약용에게도 약점이 하나 있었어요. 조선은 성리학과 유교의 나라인데 정약용의 집안이 천주교를 믿었던 거죠.

이때는 지금처럼 자유롭게 종교를 믿을 수 있는 시대가 아니었어요. 천주교를 믿는다는 것만으로도 집안 전체가 벌을 받을 수 있었지요. 왜냐하면 당시 천주교에서는 조상에게 제사 지내는 행위를 우상 숭배로 여겨 금지했거든요.

효를 가장 중요한 덕목으로 여기는 유교의 나라에서 조상에 대한 제사를 반대하는 천주교는 받아들여지기 어려웠죠. 게다가 천주교에서는 모든 사람이 평등하다고 주장했기 때문에 조선의 지배층에게 미움받을 수밖에 없었습니다.

정조는 정약용을 지켜 주고 싶었지만 정약용이 천주교인이라며 비판하는 신하들의 상소가 계속해서 올라왔습니다. 정조도 이를 모른 척할 수는 없었지요. 정조는 정약용을 잠시 내치기로 해요.

정조는 미리 정약용에게 편지를 써서 자신의 뜻을 알립니다. "내가 내일 호통을 치면서 너를 자를 것이다. 그럼 일단 잘못했다고 해라. 물러나서 기다리면 내가 너를 다시 부르겠다." 하면서 말이에요.

정약용은 정조의 편지를 받은 뒤 정조의 명령대로 물러나요. 아마 상심이 컸을 거예요. 정약용은 정조와 일하는 것을 정말 좋아했거든요.

어쩔 수 없이 관직에서 물러난 정약용은 정조가 다시 자신을 불러 줄 날만 기다리며 하루하루를 보냈습니다. 하지만 소식을 기다리던 정약용은 충격적인 소식을 듣게 돼요. 그를 다시 관직에 불러 주기로 했던 정조가 갑

작스레 세상을 떠난 거지요.

정조의 갑작스러운 죽음에 정약용은 충격에 빠졌을 거예요. 믿고 따르던 임금이 하루아침에 사라졌으니 얼마나 허무하고 슬펐을까요. 그리고 현실적으로도 정조의 죽음은 정약용에게 불리한 일이었어요. 정약용을 지켜 주는 존재가 사라졌으니까요.

아니나 다를까 정조가 세상을 떠난 뒤 얼마 지나지 않아 '신유박해'라는 사건이 벌어져요. 천주교를 믿는 사람들을 잡아다가 처형하거나 유배를 보낸 사건이에요. 이때 수많은 천주교인이 목숨을 잃었습니다. 정약용 역시 유배를 떠나야만 했어요. 이마저도 자신은 이미 천주교와의 인연을 끊었다고 간곡하게 호소한 덕분에 처형만은 피할 수 있었던 거지요.

나중에 정약용은 그의 맏형이었던 정약현의 사위가 일으킨 역모 사건에 휘말립니다. 그는 이 사건 때문에 다시 전라남도 강진으로 유배지를 옮기게 돼요. 정약용의 형제들도 대부분 처형되거나 유배를 떠났지요.

능력이 뛰어났던 정약용. 하지만 정약용은 정치적 소용돌이 속에서 자신의 능력을 마음껏 펼치지 못했어요. 정약용은 이런 세상이 밉지 않았을까요? 자신을 알아주기는커녕 괴롭히기만 하니까요.

정약용이 자신을 알아주지 않는 세상을 탓하기만 하며 유배 생활을 했더라도 누구도 쉽게 손가락질할 수는 없었을 거예요. 하지만 그는 그렇게 하지 않았습니다. 오히려 어느 때보다 많은 일을 해요.

앞서 정약용이 오백 권이 넘는 책을 썼다고 했죠? 그 많은 책을 쓴 시기가 바로 이때입니다. 십팔 년 동안 오백 권의 책을 쓴 거죠.

정약용이 지은 유명한 책에는 어떤 것이 있나요?

정약용이 쓴 책은 숫자만 많은 것이 아니라 종류도 다양해요. 유명한 책으로는 지방을 다스리는 사또에게 올바른 길을 알려 주는 《목민심서》, 나라를 다스리는 제도를 개혁할 방법을 기록한 《경세유표》, 범죄를 다루는 법을 연구한 《흠흠신서》 등이 있습니다. 이외에도 의학서, 시집, 심지어 아이들에게 한자를 쉽게 가르쳐 주는 책까지 있지요.

기록에 따르면 정약용은 열심히 글을 쓰다가 복숭아뼈에 구멍이 세 번이나 났다고 합니다. 다리를 포개어

없는 책상 다리를 하면 복숭아뼈가 바닥에 눌리잖아요. 책상 앞에서 움직이지도 않고 밤낮으로 글만 쓴 거지요. 나중에는 복숭아뼈가 너무 아프니까 일어선 채로 책을 읽고 글을 썼어요.

왜 정약용은 그렇게까지 열심히 읽고 썼을까요? 우리는 그 답을 아들에게 쓴 정약용의 편지에서 찾을 수 있어요. 정약용은 유배 생활을 하면서 틈틈이 아들에게 편지를 보냈습니다. 아들과 함께 지낼 수 없었기 때문에 편지로나마 아들을 교육했지요.

정약용은 공부의 중요성부터 선비로서 지켜야 할 예절이나 일상의 지혜까지 다양한 내용을 아들에게 가르쳤어요. 물론 편지에는 가르침뿐만 아니라 자식을 걱정하는 마음도 잘 나타나요. 물려줄 재산이 없어 미안하다는 내용도 적혀 있거든요.

이 중에는 집안이 몰락한 사람이 어떻게 살아야 하는지에 관해 쓴 편지도 있습니다. 조상이 큰 죄를 지어서 그 자손들이 벼슬을 할 수 없게 된 집안을 '폐족'이라고 하는데요. 정약용은 자신의 집안이 폐족이 되었다는 사실을 인정합니다. 그리고 상황이 금방 나아질 거라고 생각하지도 않았지요.

정약용은 자신이 처한 현실을 똑바로 보면서 이런 상황 속에서도 책을 읽고 쓰는 일을 게을리하지 않는 이유를 아들에게 밝힙니다. 그는 아들에게 이렇게 말해요. "만약 내가 이렇게 나의 글, 나의 생각을 남기지 않는다면 나중에 사람들은 나를 죄인으로만 기억할 것이다. 그렇게 되지 않기 위해 글을 쓴다"라고 말이에요.

정약용은 관직의 길이 막혔다고, 유배를 당한 죄인이 되었다고 포기하지 않았어요. 그는 알고 있었던 거예요. 지금은 자신이 죄인이지만 역사는 자신을 그렇게 기억하지 않을 것이라는 사실을 말이죠. 그래서 정약용은 계속해서 학문을 연구하며 책을 쓰고 또 썼습니다.

어린이를 위한 역사의 쓸모

역사는 우리에게 새로운 힘을 준다

지금 역사책을 펼쳐 보세요. 정약용이 어떤 사람으로 기록되어 있나요? 죄인 정약용이라 적혀 있나요?

정약용은 조선 후기의 대표적인 실학자로 기록되어 있습니다. 그뿐 아니라 정약용이 남긴 수많은 책들은 귀한 자료로 남아 지금도 활발하게 연구돼요. 수많은 역사 인물 중에서도 정약용은 존경받는 사람으로 남아 있어요. 만약 정약용이 자신의 처지 때문에 좌절해서 아무 일도 하지 않았다면 지금처럼 존경받는 학자가 될 수는 없었겠지요.

물론 정약용이 겪었던 문제와 우리가 겪는 문제가 같지는 않을 것입니다. 하지만 현실적인 어려움 앞에서 하는 고민은 비슷할 거예요. '왜 나만 이렇게 일이 잘 풀리지 않을까? 어떻게 어려움을 이겨 낼 수 있을까?' 같은 고민들이요.

어쩌면 여러분 앞에도 너무나 큰 산처럼 느껴지는 문

제가 놓여 있을지도 몰라요. 그렇지만 역사라는 긴 시간 속에서 현재를 보면 지금 겪는 문제도 수많은 어려움 중 하나일 뿐이에요. 이 문제 때문에 나의 삶이 끝나는 것도 아니고요.

여러분이 겪고 있는 어려움이 결코 가벼운 문제라는 뜻은 아니에요. 다만 역사 속 인물들도 나와 비슷한 과정을 겪었다는 것을 알게 되면 우리의 마음속 조급함을 조금은 덜어 낼 수 있다는 의미지요.

정약용은 아들들에게 다음과 같은 당부를 남겼다고 합니다.

"너희들에게 바라기는, 중요한 사람들과 다름없이 항상 마음을 화목하고 평온하게 가지도록 해라. 하늘의 이치는 돌고 도는 것이라서 한번 쓰러졌다고 해도 다시 일어서지 못하는 것은 아니다."

정약용의 말처럼 한번 실패하고 좌절을 겪었다고 해서 모든 것이 끝나지는 않아요. 여러분은 언제든 다시 일어설 수 있습니다.

3장

김홍도의 작품이
그렇게 대단한 그림인가요?

역사가 되는 일상

여러분은 조선 후기에 활동했던 화가 김홍도를 알고 있나요? 이름을 들어 보지 못했더라도 김홍도의 작품들을 본 적은 있을 거예요. 김홍도는 조선 후기를 대표하는 화가 중 하나거든요.

김홍도가 그린 〈씨름〉이나 〈서당〉 같은 그림은 아마 여러분에게도 익숙할 거예요. 김홍도는 다양한 작품을 남겼지만 백성들의 일상을 담은 풍속화가 특히 유명합니다. 김홍도의 풍속화를 보면 왠지 모를 친근함이 느껴져요. 아마도 우리와 같은 평범한 사람들의 이야기를 생생하게 담고 있기 때문인 것 같아요.

김홍도의 그림을 보고 "잘 그린 옛날 그림이구나." 하며 그냥 지나치지 않았으면 좋겠어요. 할아버지와 할머니의 어릴 적 사진을 보면서 "우아, 이때는 이렇게 살았구나." 하고 알 수 있듯이 김홍도의 그림을 통해 조선 후기 사람들이 어떻게 생활했는지 살펴볼 수 있거든요.

김홍도가 천재 화가라고요?

당시 김홍도는 조선에서 가장 잘나가는 천재 화가였습니다. 그는 어린 시절부터 그림에 뛰어난 재주를 보여 당시 양반 출신 화가로 이름을 날렸던 강세황이라는 화가 밑에서 그림을 배웠다고 해요.

김홍도는 인물화, 풍경화 할 것 없이 온갖 종류의 그

림을 다 잘 그렸어요. 김홍도의 이름이 얼마나 널리 퍼졌던지 '김홍도의 뛰어난 솜씨에 감탄해서 그림을 구하려는 자들이 무리를 지었다'라는 말이 전해질 정도였지요. 그에게 부탁하는 그림이 너무 많다 보니 일 년 넘게 그림을 기다리거나 아예 구하지 못하는 사람도 있었다고 해요.

김홍도의 재능을 누구보다 잘 알았던 강세황은 그를 도화서의 화원으로 추천합니다. 도화서는 조선 시대에 그림과 관련된 일을 담당하던 관청이에요. 이곳에서 김홍도는 영조와 정조의 초상화를 그리는 데 참여하기도 했지요.

정조는 "그림과 관련된 일은 모두 김홍도가 하도록 하라"라고 지시할 만큼 그를 아꼈어요. 김홍도는 도화서 화원으로 활약하며 백성들이 지켜야 할 도리를 설명하는 책 《오륜행실도》에 들어가는 그림과 정조가 화성으로 행차하는 장면을 담은 〈화성능행도〉를 그렸다고도 해요. 이처럼 김홍도는 궁궐에서 일하는 궁중 화가로서 나라의 중요한 그림을 도맡았습니다.

정조는 조선을 더욱 발전시키기 위한 방법을 고민했던 왕이었어요. 그는 나라를 발전시키려면 무엇보다 백성들의 삶이 안정되어야 한다고 생각했죠. 그래서 백성들의 삶을 자세히 엿보고 싶어 했습니다.

하지만 조선 시대에 왕은 궁궐 밖을 자유롭게 나갈 수 없었어요. 그래서 김홍도에게 백성들의 모습을 그려 오도록 했죠. 김홍도는 임금의 눈이 되어 이곳저곳을 돌아다니며 백성들의 삶을 그림으로 기록하게 됩니다.

김홍도는 씨름판, 서당, 대장간, 논밭, 주막 등을 거침없이 돌아다니며 사람들의 모습을 담습니다. 김홍도의 풍속화 대부분은 인물을 강조하기 위해 주변의 배경이 하얗게 비워져 있어요. 그림에는 농사짓는 사람, 빨래하는 사람, 깔깔 웃는 구경꾼들, 울고 있는 어린아이 등 다양한 인물이 등장합니다. 모두 다른 모습으로 세심하게 표현되어 있어요. 사람에 대한 김홍도의 뛰어난 관찰력과 애정 어린 시선을 느낄 수 있지요.

김홍도의 그림 덕분에 정조는 백성들의 실제 생활 모습을 알 수 있었어요. 이러한 그림들은 지금까지 전해져요. 김홍도의 작품을 통해 백성들은 역사 속 주인공으로 남을 수 있었습니다.

김홍도가 그려 낸
조선 백성들의 일상

친구들에게 김홍도의 그림에 등장하는 백성들이 무엇을 하고 있는 것 같냐고 물어보면 대부분 비슷한 대답을 합니다. 모두 열심히 일하고 있다는 거예요.

그림 속에서 사람들은 물건을 만들거나 봇짐을 지고 장사를 하러 떠납니다. 농민들은 소를 끌고 밭을 갈며 밥을 먹고요. 학생들은 서당에서 공부를 하고, 대장장이는 열심히 담금질을 하고 있죠.

어느 시대에나 백성들은 먹고살기 위해 열심히 노력했어요. 그러니 어찌 보면 그림 속 인물들이 모두 열심히 일하고 있는 모습은 너무나 자연스러운 일상일지도 모릅니다.

특히 김홍도가 활동하던 조선 후기에는 경제적으로 큰 변화가 생겼어요. 이러한 경제적 변화는 사회의 모습을 크게 바꾸어 놓습니다.

농사에서는 '모내기법'이라고 불리는 벼농사 방법이 전국적으로 확대됩니다. 모내기법은 물이 많이 필요한 농사법이기 때문에 가뭄이 들면 농사를 아예 망쳐 버릴 수도 있지요. 그래서 과거에는 나라에서 모내기법을 금지하기도 했어요.

하지만 조선 후기가 되면 농업 기술이 발달하고 물을 저장할 수 있는 시설이 발전하면서 많은 사람들이 모내기법을 이용해 벼농사를 짓게 됩니다.

모내기법으로 농사를 지으면 훨씬 편하게 잡초를 제거할 수 있어요. 잡초를 제거하는 데 힘이 덜 들어가니 더 많은 땅에 농사를 지을 수도 있지요. 조선 후기에는 모내기법을 통해 넓은 땅을 경작하며 부유한 농민으로 성장한 사람들이 여럿 생겨났어요.

또 일부 농민들은 처음부터 시장에 팔기 위한 목적으로 작물을 재배하기 시작했습니다. 대표적인 작물로 담배나 인삼 등이 있지요. 농민들은 이런 작물들을 시장에 내다 팔아 큰돈을 벌기도 했어요.

농업만 발달한 것이 아니에요. 조선 후기에는 개인이 자유롭게 물건을 사고팔 수 있게 되면서 상업 역시 발달했습니다. 상업이 발달하자 자연스럽게 화폐 사용도 활발해져요. 그전까지는 화폐를 그렇게 많이 사용하지 않았거든요. 이때 '상평통보'라는 화폐가 전국적으로 널리 사용됩니다.

이처럼 모내기법의 확대, 담배나 인삼 같은 상품 작물 재배, 상업의 발달 등으로 서민들의 경제력은 갈수록 높아져요. 돈을 많이 번 백성들이 생겨납니다. 이렇게 돈을 많이 번 일부 농민이나 상인들은 돈으로 양반 신분을 사기도 했어요. 그래서 조선 후기에는 양반의 수가 크게 늘어났죠.

또한 경제적으로 여유로워지자 서민들도 자신들의 취향과 목소리를 담은 예술과 문화를 즐기기 시작합니다. 과거에는 지배층인 귀족과 양반들만 누렸던 문화를 서민들도 함께 누리게 된 것이지요. 덕분에 조선의 문화는 더욱 풍요롭고 다채로워졌어요.

당시에는 우리의 것에 관심이 늘어나면서 우리의 실제 풍경과 사람들을 그림에 담기 시작했어요. 그전까지는 중국의 풍경을 주로 그렸는데 말이에요.

그리고 사람들의 감정을 솔직하게 표현한 한글 소설이 널리 읽혔습니다. 소리꾼이 노래와 말로 이야기를 풀어내는 판소리와 얼굴에 탈을 쓴 채 춤을 추고 노래하는 탈춤도 크게 유행했어요.

특히 탈춤에서는 욕심 많고 어리석은 양반들의 모습을 흉내 내면서 사회의 잘못된 점을 비판하기도 했지요. 이렇게 서민 문화가 발달하면서 백성들의 의식도 점점 성장하게 되었어요.

김홍도의 그림에는 조선 후기에 달라진 백성들의 생활 모습이 잘 나타나 있어요. 열심히 노력해 사회적 지위를 높이고 자신들만의 문화를 발전시킨 서민들의 생생한 모습 말이죠. 그렇기 때문에 김홍도의 그림은 지금까지도 중요한 의미를 갖습니다.

역사는 우리의 모습을 그린 그림이다

정조는 백성들의 삶을 이해하기 위해 김홍도에게 그림을 그려 달라고 요청했어요. 김홍도는 변화하는 조선 후기의 풍경을 있는 그대로 담아냈고요. 그리고 이 그림들은 과거와 현재를 잇는 창이 되었습니다.

풍속화는 과거의 사람들이 어떤 모습으로 생활했는지를 생생하게 알려 줍니다. 그래서 이 그림들은 예술적인 가치 외에도 역사적인 가치까지 지니고 있어요. 마치 현대의 기자나 사진작가들이 사진으로 그 시대를 기록하는 것처럼 말이죠.

이렇게 우리의 일상도 역사가 됩니다. 역사는 엄청나게 거창한 것이 아니에요. 우리 주변을 둘러싼 삶 자체라고 할 수 있죠.

코로나19가 퍼지면서 우리가 마스크를 구하기 위해 줄을 서고, 마스크를 쓴 채 학교 수업을 받은 것 역시 역사가 될 거예요. 우리가 방역을 위해 개인의 자유를 희생하며 불편을 받아들인 것까지도요.

　언젠가 우리의 삶 자체가 역사로 남는다고 생각하면서 살면 보다 진지하게, 한순간 한순간 정성을 다하면서 살 수 있지 않을까요? 역사를 인식하면서 사는 것과 그렇지 않은 것에는 분명한 차이가 있으니까요. 정약용의 삶처럼 말이에요.

갑신정변은 그저
실패한 시도 아닌가요?

새로운 세상을 꿈꾸는 희망

　조선 후기가 되면 조선 앞바다에 낯선 모습의 배들이 나타나기 시작해요. 지구 반대편에 있는 서양 사람들의 배가 조선까지 도착한 거였죠.

　서양 사람들은 조선과 물건을 사고파는 교역을 하고 싶다고 말했어요. 그런데 그들의 말은 사실 부탁이 아니었습니다. 위협적으로 대포를 쏘며 교역을 요구하니 협박처럼 느껴질 수밖에 없었어요. 만약 이런 상황이라면 여러분은 어떻게 했을까요? 그들의 요구를 받아들였을까요, 아니면 거절했을까요?

서양 사람들은 일찍부터 공장에서 기계를 이용하여 물건을 만들기 시작했어요. 그러면서 훨씬 빠르게 많은 양의 물건을 만들 수 있게 되었지요. 서양에서 일어난 이러한 변화를 '산업 혁명'이라고 부릅니다. 이 변화가 사람들의 삶을 크게 바꿔 놓았거든요.

산업 혁명으로 유럽은 자본주의가 엄청나게 발전합니다. 그리고 자신들의 산업을 더욱 발전시키기 위해 값싼 원료와 상품을 판매할 곳을 찾아 나섰죠. 이들은 아프리카, 아메리카 대륙을 거쳐 아시아까지 눈을 돌렸어요. 그러다 조선까지 오게 된 것이지요.

사실 외국의 배들이 조선에 찾아오기 전에도 조선은 중국을 통해 서양 세력과 교류하며 새로운 기술과 학문을 익힐 기회가 있었습니다. 하지만 조선은 낯선 기술과 학문을 받아들일 준비가 되어 있지 않았어요. 조선 사람들은 오랜 시간 중국을 비롯한 동아시아 나라들이 세상의 중심이라고 생각했으니까요.

그런데 서양의 배들이 조선의 문을 두드릴 즈음 조선 내부에서도 변화를 요구하는 목소리가 등장합니다. 이들은 서양의 기술과 사상을 받아들여 조선을 변화시키자고 주장했어요. 하지만 이런 주장에 반대하며 우리의 전통을 지키고 서양의 침략에 맞서자는 사람들도 있었지요.

⋯

역사는 '사람을 만나는 인문학'입니다. 인문학은 인간의 삶, 생각, 인간다움과 같은 것들을 연구하는 학문이에요. 이 말을 들으면 이렇게 질문하는 친구들이 있을지도 몰라요. "그러면 우리는 역사에서 어떤 사람을 만나야 하나요?"라고요.

우리는 역사 속에서 정말 다양한 인물들을 만날 수 있어요. 그들이 우리에게 들려주는 이야기도 다 다릅니다. 그러니 여러분이 어떤 고민을 하고 있는지에 따라 만나야 하는 인물도 다르겠죠?

이 책에서는 여러분이 고민하는 문제의 실마리를 풀어 줄 인물들을 많이 소개하고자 해요. 특히 고난 속에서도 '희망'을 찾아낸 사람을 이야기해 주고 싶어요. 희망을 갖지 못한다면 우리는 무언가를 열심히 할 이유도, 앞으로 좋은 사람이 되어야 할 이유도 찾기 어려울 테니까요.

우리 역사에는 희망을 향해 달려간 사람이 참 많습니다. 그중에서 이번에 소개하고 싶은 인물은 조선 후기에 활동했던 급진 개화파예요.

흥선 대원군의 정책은 옳았을까요?

서양이 조선에게 문을 열라고 요구하며 앞바다에 출몰하던 시기, 당시 조선은 나라 안의 문제도 해결하지 못한 채 힘을 잃어 가고 있었어요. 이 시기 조선이 갖고 있었던 문제는 '세도 정치'로 생겨난 것이었지요.

세도 정치는 나라를 다스리는 왕의 힘이 약해지면서 시작됩니다. 강력한 왕권을 가지고 있었던 정조가 갑작스럽게 세상을 떠났고, 다음으로 왕위를 이은 순조는 너무 어렸거든요. 겨우 열한 살밖에 되지 않았지요.

왕이 너무 어린 경우에는 왕의 어머니가 왕이 성장할

때까지 대신 나라를 다스리는데요. 이때를 틈타 왕의 어머니 쪽 집안사람들이 권력을 장악하고 나랏일을 멋대로 주무르기 시작했습니다. 이들은 자기들끼리 높은 관직을 나눠서 차지했어요. 그로 인해 능력 있는 사람들이 관직에 진출하기는 점점 더 어려워졌지요.

이처럼 소수의 사람들이 권력을 독차지하면 사회는 올바른 방향으로 나아갈 수 없습니다. 그들의 잘못을 비판하거나 막아설 사람이 아무도 없기 때문이에요.

이러한 세도 정치는 순조, 헌종, 철종까지 육십여 년 정도 이어졌습니다. 이 시기에는 돈을 받고 관직을 파는 일이 많아졌죠. 돈으로 관직을 산 사람은 백성들에게 원래보다 더 많은 세금을 뜯어내서 자신이 관직을 살 때 쓴 돈을 보상받으려고 했어요.

당연히 점점 세금은 늘어났고 지배층의 가혹한 수탈을 이기지 못해 도적이 되거나 떠돌이 생활을 하는 사람들도 생겨났지요. 도저히 견딜 수 없었던 백성들이 전국에서 들고일어납니다. 홍경래의 난, 임술 농민 봉기가 대표적이죠.

이러한 상황에서 철종이 죽고 고종이 왕위에 올랐어요. 어린 고종 대신 아버지인 흥선 대원군이 권력을 잡습니다. 흥선 대원군은 왕권을 강화하고 백성들의 생활을 안정시키기 위해 많은 노력을 했어요. 세도 정치 때문에 망가진 조선을 새롭게 살리기 위해 개혁의 칼을 뽑아 든 거죠.

흥선 대원군은 우선 소수의 세도 가문 사람들이 모여 권력을 휘두르던 기관인 비변사를 폐지합니다. 그리고 세도 가문의 중심인물들을 관직에서 쫓아냈어요. 그리고 왕실의 권위를 되찾기 위해 임진왜란 때 불탄 경복궁을 다시 짓습니다.

또 백성들의 삶을 안정시키기 위해 엉망이 된 세금 제도도 손보았습니다. 원래 양반들은 군대에 갈 의무가 없었어요. 군대에 가는 대신 내는 세금인 군포도 내지 않았지요. 일반 백성들은 더 많은 군포를 내야 했고요. 흥선 대원군은 '호포제'를 실시해 양반들에게도 군포를

걷습니다. 지금은 당연해 보이는 일이지만 양반 중심의 사회에서는 결코 하기 어려운 일이었어요. 양반들의 권위를 무너뜨리는 일이었으니까요.

이렇듯 흥선 대원군은 기울어져 가는 나라를 되살리기 위해 열심히 노력했습니다. 또 어느 정도는 성과를 내기도 했고요. 문제는 노력의 방향이었어요.

흥선 대원군이 권력을 장악하고 있었던 시기에는 서양 세력을 통해 변화의 물결이 밀려오고 있었어요. 하지만 흥선 대원군은 그 길목에 서서 조선을 왕권이 강력했던 옛날의 조선으로 되돌리려 했습니다.

흥선 대원군은 서양 세력과 무역도 하지 않고 외교 관계도 맺지 않겠다는 '통상 수교 거부 정책'을 펼칩니다. 흥선 대원군은 서양 세력의 침략을 막기 위해 나라의 문을 닫아야 한다고 생각했던 것이죠.

그는 통상 수교 거부 정책을 실시하면서 프랑스 선교사들과 천주교도들을 처형합니다. 이 사건을 '병인박해'라고 불러요. 이로 인해 프랑스 함대가 강화도를 공격하며 '병인양요'가 일어나죠. 그 후에는 미국이 조선의 문을 열라고 요구하는 과정에서 '신미양요'가 일어나고요. 조선은 끝까지 저항해서 프랑스군과 미군을 물러나게 했어요. 하지만 그 과정에서 많은 사람들이 피해를 입어야 했습니다.

흥선 대원군은 신미양요를 겪은 후 나라 곳곳에 척화비를 세워요. 척화비는 서양 세력과의 교류를 거부한다는 내용이 새겨진 비석이에요. 그리고 실제로 흥선 대원군은 나라의 문을 더욱 굳건히 걸어 잠갔습니다. 흥선 대원군의 통상 수교 거부 정책은 서양의 침략을 잠시 막아 냈지만 결국 조선이 근대화에 뒤처지는 결과를 낳았다는 평가를 받아요.

여러분은 흥선 대원군의 정책에 대해 어떻게 생각하나요? 흥선 대원군은 세도 정치로 망가진 조선 사회를 바로잡기 위해 강력한 개혁 정책을 펼쳤어요. 그러나 그 개혁의 방향은 미래가 아닌 과거를 향해 있었지요. 그래서 결국 흥선 대원군의 개혁이 실패하지 않았을까 하는 생각이 들어요. 역사는 새로운 변화를 받아들이며 계속해서 발전하기 마련인데 그 흐름을 놓치고 말았던 것이죠.

나라를 어떻게 바꿔야 할까요?

시간이 지나 흥선 대원군은 권력에서 물러납니다. 이제 아들인 고종이 성인이 되어 직접 정치를 할 수 있게 되었기 때문이지요.

고종은 나라의 문을 열고 서양의 기술과 사상을 받아들이려 했습니다. 하지만 여전히 서양의 것을 얼마만큼 받아들여 어떤 방식으로 나라를 개혁해야 하는지에 대해서는 사람들의 의견이 분분했어요. 서양의 기술을 천천히 조금씩 받아들여야 한다고 주장하는 사람도 있었고, 우리의 전통을 끝까지 지키고 서양에 맞서자는 주장을 하는 사람도 있었지요.

이때 앞뒤 가리지 않고 누구보다 먼저 개혁의 길로 달려간 사람들이 급진 개화파입니다. 급진 개화파는 서양의 발전된 기술뿐만 아니라 그들의 사상과 제도까지 통째로 받아들여 지금의 조선을 완전히 뒤바꿔야 한다고 말했어요. 나아가 신분제를 없애 평등한 사회를 만들려 했지요. 그들 대부분이 신분제의 특권을 누릴 수 있는 양반이었는데도 말이에요.

짧은 시간 안에 빠른 변화를 원했던 그들은 일본의 지원을 받아 새로운 정부를 꾸리려고 했어요. 그래서 '갑신정변'이라는 사건을 일으켜 정권을 장악하고 개혁을 밀어붙입니다.

갑신정변 당시 급진 개화파가 내놓은 개혁안을 살펴보면 내용이 상당히 파격적이에요. 이들은 신분제를 폐지하고 원래 목적을 잃은 채 나쁜 짓만 일삼는 정부 기관들을 없애자고 주장했지요. 지금 우리가 보기에는 이들의 주장이 당연해 보이지 않나요?

하지만 그들의 개혁은 겨우 삼 일 만에 실패로 끝납니다. 조선 정부가 청의 군대를 끌어들여 급진 개화파를 진압해 버렸거든요. 개혁에 실패한 급진 개화파는 목숨을 잃거나 외국으로 도망쳤지요.

갑신정변은 성급하게 나라를 개혁하기 위해 일본 세력을 끌어들였다는 점, 백성들의 지지를 받지 못하는 소수의 양반 엘리트들이 주도한 개혁이라는 점에서 분명히 한계가 있었어요. 하지만 그들이 주장했던 개혁에는 조선 사회의 오랜 문제점들을 꼬집는 주장들이 담겨 있었습니다. 특히 평등 사회를 지향했다는 점에서는 큰 의미가 있죠.

급진 개화파는 새로운 세상을 꿈꾸고 그 꿈을 이루기 위해 노력한 사람들이었어요. 비록 그 시도의 결과로 죽임을 당하거나 외국으로 쫓겨 갔지만 평등 사회를 만들겠다는 그들의 희망만큼은 없어지지 않았습니다.

백성들은 어떤 변화를 꿈꾸었나요?

갑신정변 때 급진 개화파가 뿌린 희망의 씨앗은 십 년 후 동학 농민 운동으로 이어져요. '동학'은 최제우라는 사람이 만든 종교예요. 동학에서는 '사람이 곧 하늘이다'라는 인내천 사상을 바탕으로 인간은 모두가 평등

하다고 주장했습니다. 그래서 동학은 농민 등 하층민을 중심으로 점점 퍼져 나갔죠.

그러던 어느 날 전라도 고부 지역에서 농민들이 들고일어나는 사건이 벌어져요. 농민들이 고부 군수였던 조병갑의 횡포에 맞섰던 거죠. 이를 계기로 동학 농민 운동이 시작됩니다.

동학 농민 운동에 참여했던 백성들이 외쳤던 주장은 갑신정변과 비슷한 점이 많았어요. 이들은 탐관오리와 나쁜 부자들에게 벌을 주고 노비 문서는 불태워 없애자고 주장했어요. 신분 제도를 없애자는 뜻이었지요.

하지만 이들의 주장에는 기존의 다른 개혁안에서는 찾아볼 수 없었던 내용이 들어 있었습니다. 바로 땅을 모두에게 골고루 나눠 주자는 내용이었어요. '토지 제도 개혁'인 것이지요. 백성들은 무엇보다 남의 땅이 아닌 내 땅에서 농사짓고 살기를 바랐거든요.

또 신분 제도가 없는 평등한 사회를 원한 것은 갑신정변과 같았지만 내용은 훨씬 구체적이었어요. 동학 농민 운동에 참여한 사람들 대부분이 지배층의 수탈에 고통받던 농민이었기 때문에 누구보다 구체적인 개혁안을 만들 수 있었던 거예요.

조선 후기부터는 서민들의 경제력이 높아지고 서민 문화가 발전하면서 서민들의 의식도 점점 높아졌어요. 그러면서 '평등'이라는 가치가 서서히 자라나고 있었지요. 하지만 지배층들은 여전히 자신의 권력을 강화하는 데만 관심을 보였어요.

그런데 이때 양반 엘리트들이 갑신정변을 통해 신분제를 폐지하자는 주장을 들고 나왔던 거예요. 십 년이라는 시간이 지나면서 그들의 주장은 점점 백성들의 마음속에도 자리 잡았지요. 백성들도 세상이 어딘가 잘못되었음을 깨달은 거예요. 백성들은 이제 불공평한 사회에 맞서기 시작합니다.

그래서 동학 농민 운동은 그야말로 이름 없는 사람들의 역사예요. 전봉준 같은 유명한 지도자도 있었지만 대부분 이름조차 알려지지 않았지요. 하지만 새로운 세상을 꿈꾸는 이름 없는 백성들의 힘은 강했습니다.

동학 농민군은 조선의 정규 군인인 관군을 상대로 승리에 승리를 거듭해요. 농민군도 하루가 다르게 많아졌고요. 새로운 세상을 원하는 사람들이 그만큼 많았던 것이죠. 결국은 전라도에서 가장 중요한 성인 전주성까지 함락시킵니다.

이렇게 동학 농민 운동의 기세가 강해지자 조선 정부는 스스로 문제를 해결하지 않고 청에 도움을 요청합니다. 이 결정은 조선을 호시탐탐 노리던 청에 군사를 보낼 구실을 만들어 준 것이나 다름없었어요. 이에 질세라 청뿐 아니라 일본까지 얼씨구나 하고 조선으로 군대를 보냅니다.

청과 일본이 군대를 보낸다는 소식을 들은 농민군은 다른 나라 군대가 우리나라에 들어오는 상황만큼은 막아야 한다고 생각했어요. 그래서 조선 조정에 싸움을 멈추자고 제안합니다. 그리고 스스로 해산하지요.

하지만 이미 조선에 들어온 일본군은 돌아가지 않았

어요. 오히려 경복궁을 점령하고 청과 전쟁을 일으킵니다. 우리 땅에서 청과 일본이 싸운 거예요.

　동학 농민군은 이제 조선의 지배층이 아닌 일본군과 싸우기 위해 모여요. 그리고 수도인 한양을 향해 올라갑니다. 그러자 일본군과 관군이 연합해서 동학 농민군을 막기 위한 준비를 해요. 조선 백성들을 막기 위해 다른 나라 군대와 연합을 하다니, 정말 씁쓸하죠.

　그들이 맞붙은 곳이 바로 우금치예요. '치'는 고개를 뜻해요. 우금치는 지금의 충청남도 부여에서 공주로 가는 길목에 있는 고개예요. 농민군이 우금치에 도착했을 때 그들을 기다리고 있는 것은 일본군과 관군이 겨누고

있는 총이었어요.

　농민군에게는 제대로 된 무기가 없었어요. 농민군은 정식 군대가 아니라 말 그대로 농사짓고 살던 백성들이었으니까요. 그들은 총 대신 대나무로 만든 창을 가지고 일본군과 관군에 맞서야 했습니다.

　우금치 전투는 동학 농민군의 큰 패배로 끝났어요. 무기부터 상대가 되지 않았죠. 농민군은 뿔뿔이 흩어졌고 농민군을 이끌던 지도자들은 하나둘 체포되어 처형당하게 됩니다.

　이렇게만 보면 동학 농민 운동은 갑신정변과 마찬가지로 실패로 끝난 것처럼 보여요. 그렇지만 갑신정변과

동학 농민 운동은 그저 실패한 사건이 아니에요. 그들이 꾸었던 꿈은 사라지지 않았거든요. 그들이 꿈꾸던 세상은 다음을 살아가는 사람들의 희망이 되었습니다.

역사는 우리에게 희망을 준다

우금치 전투에 나설 때 농민군은 옷 안쪽에 부적을 붙였다고 해요. 그 부적을 붙이면 총알이 피해 간다고 믿었대요. 정말로 그렇게 믿었을까요? 아니요. 당연히 믿지 않았겠지요. 그런데 너무 무서우니까. 무서워서 한 걸음을 떼기도 어려우니까 부적을 붙이고서라도 전투에 나섰던 거예요. 그만큼 절실했습니다.

그렇다면 농민군이 죽음을 무릅쓰고 우금치 고개를 넘으려 한 이유는 무엇일까요? 그것은 농민군에게 꿈이 있었기 때문이에요. 자신들은 우금치에서 쓰러져 죽더라도 자기 자식들만큼은 평등한 세상에서 살도록 하겠다는 꿈 말이에요. 그들은 그 꿈 하나로 총알이 쏟아져 내리는 우금치 고개로 달려 나갔던 것입니다.

우리에게도 때때로 힘들고 어려운 순간이 찾아옵니다. 그런 어려운 순간 앞에서 두렵고 도망치고 싶을 때도 있을 거예요. 그럴 때 역사를 바라보면 힘들고 어려운 순간을 이겨 내도록 도와 준 힘, 바로 희망을 발견할 수 있어요.

겨우 백여 년 전만 해도 신분으로 사람을 차별하는 신분제 사회에서 살아야만 했어요. 하지만 지금은 그렇지 않지요? 급진 개화파와 동학 농민군이 가졌던 희망이 이루어진 거예요.

그러니 갑신정변과 동학 농민 운동이 그랬듯, 당장은 실패한 것처럼 느껴지더라도 조금만 더 멀리 봤으면 좋겠어요. 내가 희망하는 바가 옳은 방향이라면 언젠가는 꼭 이루어질 테니까요.

역사 속에서 성공한 사람들은 모두 훌륭하게 살았나요?

우리를 바꾸는 진짜 꿈

1897년, 조선의 왕 고종은 나라 이름을 '대한 제국'으로 바꿔요. 그리고 스스로 황제가 되어 우리나라를 개혁하려 했지요. 이때 진행한 개혁을 광무개혁이라고 합니다.

고종은 철도, 전차와 같은 서양의 근대 문물을 적극적으로 받아들여요. 그리고 해외에 유학생을 보내 새로운 기술을 배우도록 했지요. 주변 나라들에 비해서 개혁의 시기는 조금 늦었지만 짧은 시간 동안 많은 것을 바꾸기 위해 노력했던 거예요.

하지만 개혁 도중에도 조선을 지배하려 했던 강대국들의 경쟁은 계속되었어요. 게다가 일본의 간섭도 점점 거세졌습니다.

강대국들에 비하면 힘이 약했던 대한 제국은 강대국들의 경쟁을 이용해 이편저편을 들며 위기를 헤쳐 나가려 했어요. 그렇지만 결국 일본이 전쟁을 통해 청과 러시아를 물리치고 한반도를 지배할 권리를 인정받게 됩니다. 이때 강대국들은 우리나라를 지배할 권리를 마음대로 일본에 넘겨주었어요. 우리나라 사람들의 의견은 무시하고 말이죠. 일본은 이제 누구의 눈치도 보지 않고 우리나라의 권리를 빼앗는 조약을 하나하나씩 맺습니다. 결국 1910년 한일 강제 병합 조약을 통해 일본은 우리의 국권을 강제로 빼앗아요. 이후 우리는 일본에 삼십오 년 동안 식민 지배를 받게 되었죠.

∴

새 학기가 시작되면 선생님은 학생들에게 꿈을 물어보곤 합니다. 그러면 "제 꿈은 공무원이에요.", "변호사예요.", "연예인이에요." 같은 답이 나와요.

많은 사람들에게 꿈은 곧 직업이에요. 원하는 직업을 얻으면 세상이 끝나는 것도 아닌데 보통은 딱 거기까지만 생각합니다. 공무원, 변호사, 연예인이 되고 나면 무엇을 할지는 생각하지 않아요. 그래서 정작 꿈을 이루고 나면 무엇을 해야 할지 몰라요. 목표가 사라지니까 허무하기도 하고요.

이번에는 을사오적이라고 불리는 다섯 사람을 만나 보려 합니다. "을사오적은 나쁜 사람이 아닌가요?"라고 할 수도 있어요. 하지만 역사에 이름을 남긴 사람 중에서는 올바른 사람만 있는 것은 아닙니다. 잘못된 행동을 한 사람도 분명히 있어요.

우리는 그런 사람들의 모습을 통해서도 교훈을 얻을

수 있어요. '이런 사람들처럼 행동하면 수백 년이 지나서도 많은 사람들에게 손가락질을 당하는구나.' 하고 말이죠.

을사오적의 이름은 이완용, 이지용, 이근택, 박제순, 권중현이에요. 이완용이라는 이름은 들어 본 사람도 있을 거예요. 매국노 하면 이완용이 떠오르니까요. 이 사람들은 을사늑약에 찬성한 사람들이에요. 그래서 나라를 팔아넘긴 다섯 명의 도적이라는 뜻으로 '을사오적'이라고 부르는 거지요.

이 다섯 사람에게는 공통점이 있습니다. 모두 지금으로 따지면 장관 정도 되는 높은 위치에까지 올랐다는 것과 모두 판사 출신이었다는 점이죠. 장관에 판사까지, 정말 어마어마하죠? 을사오적은 모두 집안도 좋고 머리도 좋은 사람이었던 거예요. 그런데 이 똑똑한 사람들은 좋은 머리를 가지고 나라를 일본에 팔아넘기는 데 앞장섰습니다.

을사오적은 어떻게 나라를 팔았나요?

여러분에게 당연한 질문을 한번 해 볼게요. 내 몸은 누구의 것인가요? 당연히 나의 것입니다. 내 마음대로 움직이고 무엇을 하든 내 자유지요.

그런데 어느 날 옆 반의 힘 센 친구가 찾아와서 오늘은 손을 쓸 권리, 내일은 발을 쓸 권리를 빼앗겠다고 말한다면 어떤 기분이 들까요? 아마 어처구니없기도 하고 화도 날 거예요. 대한 제국이 일본에 나라를 빼앗기는 과정도 이것과 비슷했어요.

앞에서 설명한 것처럼 일본은 여러 조약을 맺으면서 우리나라의 권리를 하나씩 빼앗아 갑니다. 그중에서도 특히 치욕스러운 조약이 있었어요. 바로 을사늑약이에요. 늑약은 억지로 맺은 조약이라는 뜻입니다. 일본이 대한 제국의 동의 없이 강제로 조약을 체결했기 때문에 을사늑약이라고 하는 거죠.

을사늑약은 대한 제국이 다른 나라와 어떤 약속을 할

때는 반드시 일본을 거쳐야 한다는 내용을 담은 조약이 었어요. 우리나라의 외교권을 일본이 빼앗아 가는 것이 죠. 이 조약을 맺으면 우리나라는 일본의 식민지가 되는 것이나 마찬가지였어요.

을사늑약을 체결하기 위해 일본은 이토 히로부미를 한국에 보내요. 이토 히로부미는 고종을 만나서 조약 체결을 요구했습니다. 고종이 이를 거부하자 일본은 궁궐 주변에 군대를 배치했어요. 군대를 앞세워 "좋은 말로 할 때 조약에 서명해!" 했던 거죠.

그리고 일본은 대한 제국의 대신들을 불러 모아요. 그리고 군인들로 둘러싸인 위협적인 분위기 속에서 고종이 참석하지도 않았는데 대신들에게 조약에 찬성할 것을 강요합니다. 앞서 말한 을사오적은 조약 체결에 찬성합니다. 황제인 고종이 찬성하지 않았는데도 말이죠.

을사늑약이 맺어진 뒤 일본은 더욱 당당하게 우리나라의 권리를 빼앗아요. 일본은 고종을 강제로 황제 자리에서 물러나게 하고 대한 제국의 군대를 해산시킵니다.

이어서 재판할 수 있는 권리인 사법권과 나라의 질서를 유지하도록 해 주는 경찰권까지 빼앗았어요.

이렇게 대한 제국은 나라의 이름만 남아 있을 뿐 실제로는 아무것도 스스로 다스리지 못하는 껍데기 나라로 변해 갔습니다.

일본의 잘못된 요구에 맞서 싸운 사람은 없었나요?

반면 을사오적과 비슷한 상황에서 전혀 다른 길을 선택한 분도 있었어요. 바로 독립운동가 박상진이에요.

박상진은 을사오적과 마찬가지로 판사였어요. 머리가 좋았을 뿐만 아니라 재산과 권력을 지닌 이름난 가문 출신이었지요. 그런데 그는 1910년에 판사 시험에 합격한 뒤 얼마 지나지 않아 판사 일을 하지 않겠다며 사표를 던집니다. 1910년에 일제 강점기가 시작되었거든요.

일제 강점기에 일본은 한국의 엘리트들을 앞세워 식민 통치를 하려 했습니다. 한국에서 영향력 있는 사람들이 일본의 편을 들어 준다면 백성들을 움직이기도 쉬울 테니까요.

박상진도 한국 최고의 엘리트였으니 당연히 일본이 구슬리는 대상이었을 거예요. 눈 딱 감고 조금만 일본을 도우면 잘 먹고 잘살 수 있는 길이 열렸을 겁니다. 실제로 그렇게 잘사는 사람이 많았고요.

여러분의 눈앞에 두 갈래 길이 펼쳐져 있다고 생각해 봐요. 한쪽 길은 반듯하게 쭉 뻗어 있는 평탄한 길이에요. 이 길로 걸어가면 많은 돈과 권력을 가질 수 있지요. 대신 다른 사람들에게 많은 피해를 주는 일에 앞장서야 합니다.

다른 쪽 길은 가시밭길이에요. 한 걸음 한 걸음 움직이는 것조차 힘들지요. 하지만 다른 사람들을 돕고 행복하게 할 수 있는 길입니다. 박상진은 바로 이 가시밭길을 선택했어요. 힘들다는 것을 뻔히 알면서도 말이에요.

열심히 공부해서 판사라는 원하는 직업을 얻었는데 포기한 것이죠.

박상진이 판사를 포기한 이유는 정말 감동적이에요. 일제 강점기에 판사로 일한다면 누가 죄인으로 끌려올까요? 아마 일본의 말을 따르지 않는 한국 사람들이겠지요. 이들은 일본 입장에서는 죄인이지만 한국 입장에서는 영웅입니다. 그런데 판사가 되면 이런 영웅들에게 유죄를 선고할 수밖에 없잖아요. 박상진은 그럴 수 없다고 생각했고 미련 없이 판사 자리를 포기했습니다.

박상진이 '판사'라는 직업을 꿈꿨던 사람이라면 이런 선택을 내리지 못했을 거예요. 하지만 박상진의 꿈은 그저 직업에 머무른 것이 아니었어요. 그는 법을 알지 못해 늘 당하고만 사는 평범한 사람들에게 도움을 주고 정의로운 사회를 만들기 위해 판사가 되었습니다. 그렇기 때문에 판사라는 직업은 중요한 것이 아니었지요.

판사를 포기한 박상진은 쌀가게를 하나 열어요. 겉보기에는 평범한 가게였지만 사실은 독립군이 연락을 주고받고 자금을 구하는 장소였지요.

1915년 박상진은 대한 광복회라는 단체를 만듭니다. 그는 만주에 학교를 세우고 독립군을 키워 힘으로 독립을 얻어 내려 했어요. 국내와 국외에 비밀 조직을 만들어 일본의 주요 인물과 친일파를 없애는 거지요. 일본군을 크게 무찌른 청산리 전투로 유명한 김좌진도 이때 박상진과 함께합니다.

대한 광복회를 만들며 일본에 맞서 싸운 박상진은 결국 일본에 체포돼요. 이제는 판사의 자리가 아니라 그 반대편인 피고인석에 앉게 된 것이죠. 그는 그 자리에서 사형을 선고받습니다.

박상진은 떠났지만 그의 활동은 독립운동가들에게 큰 자극이 되었어요. 박상진의 영향을 받은 수많은 사람들이 독립을 위해 몸을 던졌습니다.

1919년에는 의열단이라는 단체가 만들어져 일본의 식민 지배 기관인 조선 총독부와 종로 경찰서, 심지어 일본 천황이 사는 궁성에까지 폭탄을 던집니다.

1931년에는 김구가 한인 애국단을 만들어요. 이봉창과 윤봉길 같은 분들이 한인 애국단에서 활동했지요. 나중에 김구를 중심으로 한 대한민국 임시 정부는 한국 광복군을 만들고 일본에 전쟁을 선포하기까지 합니다.

이처럼 우리 역사에는 자신의 목숨과 청춘을 바쳐 일제에 맞서 싸운 사람들이 너무나 많습니다. 그분들이 있었기 때문에 우리는 일제 강점기를 겪으면서도 자랑스러운 역사를 이어 나갈 수 있었어요.

나쁜 을사오적은 벌을 받고, 독립운동가는 상을 받았나요?

나쁜 짓을 한 사람들이 곧바로 벌을 받고, 좋은 일을 한 사람이 잘 살면 얼마나 좋을까요? 하지만 을사오적은 다섯 명 모두 마지막까지 편하게 살다가 죽습니다. 적어도 나라를 판 것에 대한 벌을 받지는 않았어요.

을사오적은 일본으로부터 엄청난 보상을 받아요. 이들은 우리나라가 일본의 식민 지배를 받게 된 뒤에는 나라를 판 대가로 높은 관직에 오르고 큰돈을 얻어 떵떵거리며 살았습니다. 이런 을사오적을 없애기 위해 '오적 암살단'이라는 단체가 만들어지기도 했지만 결국 실패했죠.

반면 박상진의 후손은 가난 속에서 쓸쓸하게 살아야 했어요. 일제 강점기가 끝나고도 약 십오 년이 흘러 1961년이 되어서야 박상진의 후손이 굶주림과 추위에 시달린다는 사실이 알려졌지요. 지금도 박상진이라는 이름은 유명하지 않지만 그의 삶을 전하는 책과 뮤지컬, 다큐멘터리가 나오면서 점점 더 많은 사람이 그분의 활동을 알아 가고 있습니다.

안타까운 일이지만 역사를 공부하다 보면 일제 강점기에는 을사오적 말고도 일본에 빌붙어 편한 삶을 살았던 사람들이 있다는 사실을 알게 돼요.

어떤 친구들은 나도 잘 먹고 잘살 수 있는 평탄한 길

을 택하고 싶다며 장난스럽게 이야기할지도 몰라요. 그렇지만 우리는 눈앞의 순간만 보지 말고 미래를 함께 생각해야 합니다.

한 사람의 삶이 끝나도 역사는 계속해서 흘러가요. 나는 사라지지만 내가 했던 말과 행동은 훨씬 오래 남을 수 있습니다.

을사오적은 누구나 원하는 좋은 직업을 가진 사람들이었어요. 흔히 우리가 생각하는 성공한 사람이었죠. 그렇지만 이제 누구도 을사오적을 그렇게 기억하지 않아요. 을사오적은 그저 나라를 일본에 팔아넘긴 나쁜 사람들일 뿐이에요.

을사오적은 당시에도 우리나라 사람들의 분노를 샀어요. 그리고 이제 을사오적이 세상에 없는 지금도 역사 시간만 되면 이들의 이름이 또렷하게 반복됩니다. 여전히 수많은 사람들의 분노를 사고 비판을 받고 있는 거예요. 영원히 나쁜 사람으로 기억된다니, 생각만 해도 끔찍한 일입니다.

꿈은 명사가 아니라 동사여야 한다

우리는 꿈을 명사로 말해요. 명사는 공무원, 변호사, 연예인처럼 고정된 단어입니다. 하지만 명사의 꿈은 그 직업을 가지고 나서 무엇을 해야 할지 말해 주지 않아요. 그래서 여러분의 꿈은 명사가 아니라 움직이는 동사였으면 해요. 어떤 직업을 가질지보다 그 직업을 가지고 어떻게 살 것인가를 꿈꿔 보았으면 좋겠습니다.

물론 살아가는 데 직업은 너무나 중요합니다. 그렇지만 어떤 직업을 가질지 고민하는 만큼 무엇을 위해서 그 직업을 원하는지도 생각해 봐야 해요. 무엇이 되는지보다 그 직업을 가지고 어떻게 살아가는지가 훨씬 중요하거든요.

을사오적은 단지 좋은 직업만 꿈꿨지 그 직업으로 어떻게 살 것인지는 고민하지 않았던 사람입니다. 그러니 높은 자리에 올라서도 을사늑약 체결에 찬성하는 잘못된 선택을 했고 죽어서도 후세의 많은 사람들에게 손가락질을 받는 것이죠.

꿈은 더 행복해지기 위해 꾸는 거예요. 불행해지고 싶은 사람은 없잖아요. 여러분이 자신의 직업을 통해서 많은 사람들에게 도움을 주는 멋진 동사의 꿈을 꾸었으면 좋겠습니다. 그 꿈이 우리를 앞으로 더 나아갈 수 있게 하거든요. 그것이 진짜로 잘 사는 일이 아닐까요?

일본은 우리나라를 어떤 식으로 지배했나요?

우리 마음을 지키자

8월 15일이 무슨 날인지 알고 있나요? 광복절! 맞습니다. 여기서 광복은 '빛을 되찾다'라는 뜻이에요. 암흑과도 같았던 일본의 식민 지배에서 벗어나 빛을 되찾은 날이라는 의미지요. 그런데 반대로 우리나라를 빼앗긴 날이 언제인지를 물어보면 모르는 경우가 많습니다.

역사에는 좋은 일, 기억하고 싶은 일들만 기록되어 있지 않아요. 아픈 일이나 지우고 싶은 일도 함께 있지요. 그렇기 때문에 우리의 역사를 제대로 알기 위해서는 나라를 잃어버린 날도 기억해야 합니다.

그동안 여러 조약을 강제로 맺으며 우리나라의 수많은 권리를 빼앗은 일본은 결국 1910년 8월 29일 나라를 완전히 빼앗습니다. 이를 '경술국치'라고 부릅니다. 경술년인 1910년에 일어난 나라의 치욕스러운 사건이라는 뜻이지요.

그 후 1945년 8월 15일까지 우리 민족은 삼십오 년 동안 일본의 지배를 받게 돼요. 대한 제국의 권리를 강제로 빼앗은 일본은 오랜 역사가 살아 숨 쉬는 경복궁 궁궐 앞에 조선 총독부 건물을 새로 지었습니다. 그것도 아주 화려하고 웅장하게요. 조선 총독부는 조선을 감시하고 지배하는 식민지 통치 기관으로 오랫동안 우리 민족을 괴롭힙니다.

・・・

지금 대한민국을 살아가는 우리에게는 나라를 잃었다는 것이 어떤 일인지 잘 와닿지 않을 수도 있어요. 쉽게 말하자면 세계 지도를 펼쳤을 때 한국 땅이 일본 땅으로 표기되고 우리 집 주소 제일 앞에는 대한민국 대신 일본을 적어야 하는 것입니다. 그 밖에도 우리가 당연하게 여겼던 많은 일들을 하지 못해요. 마음대로 우리말을 쓰지도, 우리 역사를 공부하지도 못하죠.

앞서 나라를 잃어버린 날인 경술국치를 기억했으면 좋겠다고 했지요? 단지 날짜만을 외우라는 것이 아니에요. 그 당시를 살았던 사람이 되어 절망과 분노로 가득 찼던, 숨 막힐 정도로 어둡고 답답했던 그날을 함께 느낄 수 있다면 좋겠어요.

잃었을 때의 고통을 알게 되면 되찾았을 때의 소중함이 더 크게 와닿을 거예요. 그것이 바로 우리가 경술국치를 기억해야 하는 이유입니다.

총과 칼로도 꺾을 수 없는 것이 있나요?

1910년 경술국치 이후 일본은 한국을 완전히 손에 넣었어요. 그럼에도 불구하고 많은 사람들이 여전히 일본에 저항했습니다. 이때 일본은 총과 칼을 앞세워 한국

사람들을 억누르려 했어요. 그런 지배 방식을 '무단 통치'라고 합니다. 무섭게 다스리면 말을 잘 들을 줄 알았던 거예요.

일본은 군인 출신을 한국을 다스리는 총독으로 보냅니다. 그리고 일반 경찰이 아닌 군인을 위한 특수 경찰인 '헌병 경찰'을 잔뜩 배치했지요.

헌병 경찰은 총과 칼을 가지고 다녔어요. 그러다 사소한 잘못이라도 저지른 한국인을 만나면 그 자리에서 처벌했습니다. 제대로 된 재판을 받을 권리도 주지 않은 채 말이죠. 심지어 헌병 경찰들은 한국인을 묶어 놓고 몽둥이로 때리기도 했어요.

일본의 무단 통치는 어린 학생들에게도 예외가 없었습니다. 학교에 가면 제복을 입고 허리춤에 칼을 찬 선생님이 학생들을 가르쳤어요. 어려서부터 일본의 무서움을 알려 줘서 두려움을 마음 깊숙이 새기려고 했던 것이죠. 일본은 어린 학생마저 고분고분한 식민지 국민으로 만들려고 했어요.

일본은 힘과 무력을 이용해 한국 사람들을 때리고 짓밟았어요. 이것으로도 모자라 우리 민족의 생각과 정신까지 지배하기 위해 많은 것들을 금지했지요. 특히 책이나 신문을 출간하거나 사람들이 모여서 의견을 나누는 것 등을 철저하게 막았습니다.

또 지금의 초등학교에 해당하는 보통학교를 한국인은 사 년만 다닐 수 있었어요. 반면 일본인은 마찬가지로 초등학교에 해당하는 소학교를 육 년 동안 다녔지요.

일본은 한국 사람들이 똑똑해지는 것을 두려워했어요. 공부를 하다 보면 식민 지배를 받는 우리 민족의 현실을 깨달을 수도 있으니까요. 그러다 일본에 저항하는 독립운동에라도 참여하면 곤란하잖아요. 그래서 법으로 사람들의 눈과 귀를 강제로 막고 높은 수준의 교육을 금지했습니다.

여러분의 생각에는 이러한 무단 통치가 효과가 있었을 것 같나요? 일본이 바라는 대로 한국인들이 말을 잘 듣게 되었을까요?

그렇지 않았습니다. 1919년 우리 민족은 3·1 운동을 통해 독립에 대한 강한 의지를 보여 줍니다. 힘으로 찍어 누르면 가만히 있을 줄 알았던 한국인들이 다 함께 손을 잡고 일어선 거예요.

일본은 놀랍니다. "이대로 통치하다간 큰일나겠구나"라고 생각하죠. 그 어떤 무시무시한 협박으로도, 총과 칼로도 꺾을 수 없는 것이 있다는 사실을 그들은 몰랐던 거예요. 결국 일본은 무단 통치를 포기하고 한국을 새로운 방식으로 다스리게 됩니다.

겉과 속이 다른 사람을 조심해야 한다고요?

3·1 운동 이후 1920년대가 되면 일본의 태도가 돌변해요. 일본은 갑자기 이제부터 한국인들을 존중해 주겠다고 말합니다. "일본은 그렇게 나쁜 나라가 아니야. 앞

으로 한국 사람을 차별하지 않고 너희들만의 문화를 발전시킬 수 있도록 도와줄게"라고 하는 거죠. 이렇게 달라진 일본의 통치 방식을 이른바 '문화 통치'라고 불러요. 그렇지만 이 말을 곧이곧대로 믿어도 되는 걸까요?

사실 일본은 '문화 통치'를 통해 겉으로는 한국인에 대한 억압을 풀어 주는 척하면서 실제로는 더 심하게 한국인을 감시하고 통제했습니다.

우선 일본은 이제부터는 군인 출신이 아닌 민간인 총독을 임명해서 조선을 다스릴 수도 있다고 했는데요. 그저 말뿐이었어요. 일본은 1945년 우리나라가 독립할 때까지 한 번도 그 말을 지킨 적이 없었거든요.

또 무단 통치의 상징이었던 헌병 경찰을 보통 경찰로 바꾸겠다고 했습니다. 한국인들을 매로 때리던 형벌도 폐지하겠다고 했지요. 하지만 실제로 일본은 경찰의 숫자를 네 배나 늘리며 오히려 감시를 강화했어요. 독립운동을 더 강하게 억누르기 위해 '치안유지법'이라는 법도 만들었습니다.

일본은 신문과 책으로 자신의 의견을 표현할 수 있는 자유도 어느 정도 허락해 주는데요. 이것도 진짜 자유는 아니었습니다. 신문이 나오기 전 미리 검사를 해서 일본의 마음에 들지 않는 내용은 지워 버렸거든요. 신문들은 군데군데가 시커멓게 빈 채로 나왔고 책에서는 중요한 내용이 죄다 사라졌어요.

교실에서는 칼을 차고 있던 무서운 선생님이 사라졌습니다. 형식적으로나마 한국어도 배울 수 있었지요. 대학 교육도 받을 수 있었고요. 그러나 실상은 달랐어요. 여전히 많은 한국 학생들이 학교조차 다니지 못했습니다. 대학교에 간다든가 하는 높은 수준의 교육을 받을 기회는 더더욱 적었고요. 그저 우리 민족의 불만을 달래는 척했을 뿐이죠.

사실 '문화 통치'가 더 악랄하기도 했어요. 우리나라 사람들을 이간질했거든요. 일본은 우리 민족이 서로 편을 갈라 싸우도록 만들었어요. 일본도 3·1 운동을 겪으면서 우리 민족이 하나로 힘을 모으면 무섭다는 것을 깨달았기 때문이죠. 그래서 을사오적처럼 일본 편에 서서 앞잡이 노릇을 할 친일파를 길러 냅니다.

특히 일본은 우리 민족의 존경을 받는 지식인과 지도자들의 마음을 바꾸려고 노력했어요. 자신이 존경하던 지식인이 일본 편을 든다면 사람들의 마음이 더 쉽게 흔들릴 거라고 생각했거든요. 독립운동가들조차 갈라져 싸우게 될 테고요.

친일파들은 나라의 앞날을 걱정하는 척하며 그럴듯한 말로 사람들을 설득했어요. "일본은 우리나라를 발전시켜 줄 수 있습니다! 독립하는 대신 일본의 통치를 받아들여 더 많은 혜택을 누립시다!" 하면서요. 당연히 말도 안 되는 주장이지만, 당시에는 진심으로 그렇게 믿고 친일의 길로 돌아선 이들도 있었습니다.

이렇듯 1920년대 '문화 통치'는 무단 통치와는 또 다른 방식으로 우리 민족을 고통스럽게 만들었습니다. 몇몇 독립운동가들이 일본의 꾀임에 넘어가 친일파가 되다니, 너무나 안타까운 일이지요.

'양의 탈을 쓴 늑대'라는 말이 있어요. 겉으로는 친절하고 선량한 듯 보이지만 그 속은 나쁘고 음흉한 사람을 두고 하는 말입니다.

우리는 겉으로 보이는 모습만 보고 남을 판단하면 안 돼요. 그 사람의 진짜 속마음이 무엇인지 곰곰이 생각해 봐야 합니다.

이랬다저랬다 쉽게 말을 바꾸는 사람, 사람들을 속이고 자기 이익만 챙기려는 사람은 경계해야겠지요. 그런 시각과 안목을 갖춘다면 우리는 스스로 중심을 지키며 살아갈 수 있어요. 우리를 속이려는 사람에게 넘어가지 않고 말이에요.

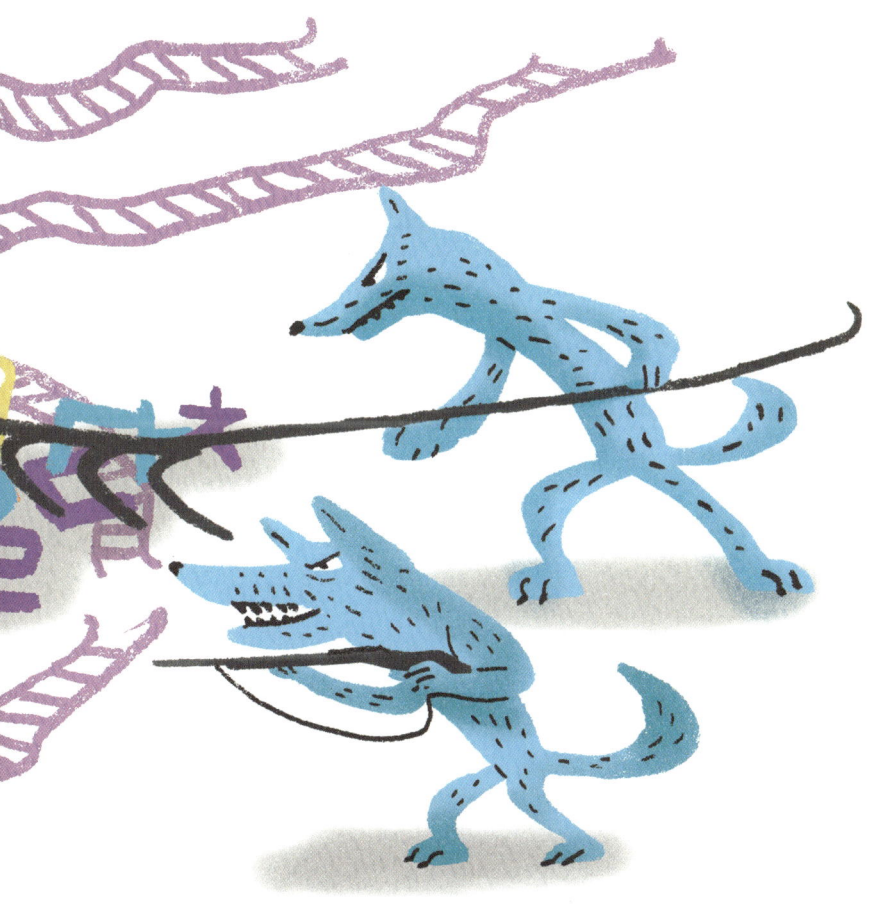

일본이 우리 민족을 없애려 했다고요?

1930년대가 되면 일본은 주변 국가들과 전쟁을 벌이기 시작해요. 다른 나라를 침략해서 자기 나라의 물건을 팔 시장을 확보하려 했던 거죠. 일본은 1931년 '만주 사변'이라는 사건을 구실로 만주를 공격하고, 1937년에는 중일 전쟁을 일으켜요.

일본은 만주를 차지하고 중일 전쟁에서도 전투마다 승리해요. 그러면서 점점 자신감이 붙어요. 그들은 마침내 전 세계를 대상으로 침략 전쟁을 벌일 결심을 합니다.

침략에 대한 일본의 야망이 커져 갈수록 우리 민족은 더 큰 고통에 시달려야 했습니다. 일본이 계속해서 엄청난 규모의 전쟁을 수행하기 위해 한국 사람들을 전쟁에 동원했거든요.

일본은 한국 사람들을 전쟁에 쉽게 동원하기 위해 사람들의 머릿속을 완전히 바꾸려 했어요. 마치 일본 사람인 것처럼 온몸과 마음을 바쳐 일본 천황에게 충성을 다하게 만들려고 했죠. 이를 위해 1930년대 이후 일본이 선택한 식민 지배 방식이 바로 '민족 말살 통치'입니다. 우리 민족의 뿌리와 정체성을 완전히 없애 버리는 통치 방식이었죠.

가장 먼저 일본은 '황국 신민의 서사'라는 맹세문을 한국 사람들에게 외우도록 했습니다. 여기에는 일본 천황에게 충성을 다하겠다는 내용이 담겨 있었지요. 외우지 못하면 큰 벌을 받아야 했어요. 또 사이렌이 울리면 길을 걷다가도 멈춰 서서 저 멀리 천황이 있는 도쿄의 궁성을 향해 허리를 굽혀 절을 하라고 명령했습니다. 이것을 '궁성 요배'라고 해요.

그리고 학교에서는 모든 수업을 일본어로 진행했습니다. 한국어 사용을 금지하고 우리 역사도 배우지 못하게 했죠. 한 나라의 언어와 역사를 부정하고 금지하는 것이야말로 그 민족의 정신을 없애는 데 가장 효과적인 방법이니까요.

그것으로도 부족했는지 일본은 한국 사람들의 이름을

일본식으로 바꿉니다. 이를 '창씨개명'이라고 해요. 더 이상 부모님이 지어 준 내 이름조차 쓸 수 없는 거예요.

　사람들은 창씨개명에 반발했어요. 하지만 일본은 이름을 바꾸지 않으면 학교도 못 가게 하고 공무원이 되지도 못하게 하는 등 일상생활을 어렵게 만들었어요. 무조건 이름을 바꾸도록 압박한 것이죠. 결국 많은 사람들이 어쩔 수 없이 일본식 이름을 사용하게 됩니다.

　나중에 일본은 전쟁이 점점 자신들에게 불리해지자 우리나라 사람들에게 뻔뻔한 요구를 하기 시작합니다. 한국은 이제 일본과 하나가 되었으니 일본이 전쟁을 치르는 데 필요한 물건들과 심지어 병사까지 기꺼이 내줘야 한다는 거였지요.

　일본은 그야말로 전쟁에 필요한 모든 것을 한국에서 탈탈 털어 갑니다. 식량이나 돈을 걷어 가는 것은 물론 무기를 만들 쇠붙이가 필요하다며 집 안의 놋그릇이나 수저, 호미까지 가져갔어요.

　또 전쟁을 치르기 위해서는 많은 물자가 필요하잖아

요. 일본은 이를 위해서 광산, 공장, 비행장 등에 한국인 노동자들을 엄청나게 데려가 강제로 일하게 했어요. 또 여성들을 일본군 '위안부'로 끌고 가 끔찍한 삶을 강요했습니다. 뿐만 아니라 어린 학생들과 청년들을 강제로 군인으로 만들어 전쟁터에서 목숨을 잃게 만들었지요. 자신들의 야망을 이루기 위한 전쟁에 우리 민족을 도구로 이용한 거예요.

이렇게 일본은 1910년대, 1920년대, 1930년대마다 식민 지배 정책을 바꾸며 우리 민족을 억눌렀습니다. 때로는 총칼을 앞세워 힘으로 사람들을 짓밟기도 했고, 때로는 '문화 통치'라는 이름만 내걸고 독립운동가를 분열시키면서 친일파를 길러 냈죠. 그리고 마지막엔 민족의 뿌리마저 뽑아 없애려고 했어요.

그런데 놀라운 사실은 그토록 교묘하고도 강압적인 식민 지배도 끝내 우리를 굴복시킬 수는 없었다는 거예요. 일제 강점기 내내 우리 민족은 일본에 다양한 방식으로 맞서 싸웠습니다. 일본이 원하는 대로 행동하지 않앗지요. 일본은 우리 민족의 삶을 무너뜨리고 자유와 권리까지 모조리 빼앗아 갔지만 우리 민족의 독립에 대한 의지만큼은 빼앗지 못했어요.

역사를 기억할 때 우리의 미래가 펼쳐진다

일제 강점기를 흔히 절망의 시기라고 말해요. 그만큼 칠흑같이 어둡고 힘겨운 시대였습니다. 일본은 삼십오 년 동안 우리나라를 지배하면서 우리 민족을 억누르기 위해 갖은 방법을 사용했어요. 마지막에는 우리 민족 자체를 없애 버리려고 했지요.

하지만 나라를 잃어버린 상황에서도 우리 민족은 나라 안팎에서 끊임없이 저항했습니다. 나중에 중학생, 고등학생이 되면 한국사 과목에서 독립운동의 역사를 배울 때 엄청나게 어려울 수도 있어요. 기억해야 할 너무나 많은 인물과 단체가 있기 때문이죠. 하지만 만약 교

과서에서 독립운동의 역사가
단 몇 줄로 끝난다면 우리
역사가 너무나 부끄럽
지 않을까요?

  우리 민족은 일제 삼십오 년 동안 3·1 운동과 같은 만세 시위로, 일제의 통치 기관을 파괴하고 주요 인물을 처단하는 의열 투쟁으로, 직접 일본군과 전투를 치르는 무장 독립 투쟁으로, 우리의 말과 글, 역사를 지키고자 하는 민족 문화 수호 운동으로 나라의 독립을 위해 투쟁했습니다. 이러한 노력이 있었기에 마침내 우리는 1945년 8월 15일 광복을 이룰 수 있었던 거예요.

  지금의 대한민국은 일제 강점기를 버텨 낸 사람들의 의지로 만들어졌습니다. 다음 세대만큼은 다른 나라의 간섭과 지배를 받지 않도록 하겠다는 강한 의지 말이죠. 나라의 독립을 위해 자신의 청춘을 바쳤던 수많은 사람들이 있었기에 지금의 우리가 있음을 잊지 않았으면 좋겠습니다.

7장

대한민국이라는 이름은 어떻게 정해졌나요?

대한민국의 출발

  우리가 친구들과 놀이를 할 때, 학교에서 생활할 때 없어서는 안 될 것이 뭘까요? 바로 규칙입니다. 규칙이 없다면 놀이를 어떻게 해야 할지도 모르고 재미도 없을 거예요. 또 학교에서도 많은 사람이 질서를 유지하며 편하게 지내기 위해서는 규칙이 꼭 필요합니다.

  학생에게 규칙이 중요하듯이 나라의 살림을 꾸려 나가는 데에도 꼭 필요한 것이 있어요. 바로 법입니다. 특히 법 중에서도 최고의 법을 헌법이라고 불러요. 헌법은 국민의 권리와 의무를 담고 있어요. 또 우리가 중요하게 여기는 가치가 무엇인지를 잘 보여 주지요.

그렇다면 이렇게 중요한 대한민국 헌법의 가장 앞부분은 어떤 내용으로 시작할까요? 그 내용은 다음과 같습니다.

"유구한 역사와 전통에 빛나는 우리 대한국민은 3·1 운동으로 건립된 대한민국 임시 정부의 법통과 불의에 항거한 4·19 민주이념을 계승하고……."

조금 어려운 문장처럼 보일 수도 있는데요. 한마디로 지금 우리가 살아가고 있는 대한민국이 3·1 운동으로 세워진 대한민국 임시 정부로부터 이어지고 있다는 뜻이에요.

우리 역사에 얼마나 많은 사건들이 있었나요? 그런데 그 수많은 사건 중에서도 헌법에서 가장 먼저 언급하는 사건은 3·1 운동이에요. 왜냐하면 3·1 운동을 계기로 '대한민국'이 출발했기 때문입니다.

3·1 운동은 왜 시작되었나요?

일본은 우리나라의 국권을 빼앗은 뒤 독립운동을 강하게 탄압했습니다. 하지만 우리 민족은 일제의 탄압을 피해 비밀스럽게 숨어 다니며 일본에 저항하는 비밀 결사 운동을 벌였어요.

그리고 많은 의병 부대와 독립운동가들이 나라 밖의 만주와 연해주 등으로 이동해 독립운동을 이어 갈 수 있는 기지를 건설했어요. 수많은 사람들이 독립을 이뤄 내기 위해 다양한 노력을 했던 것이죠.

그러는 동안 세계에서는 제1차 세계 대전이라는 엄청난 규모의 전쟁이 벌어졌어요. 강한 힘을 가진 나라들끼리 서로 연합해 상대방과 싸웠지요. 결국 영국, 프랑스, 미국, 일본 등이 참여한 연합국이 독일, 오스트리아-헝가리, 오스만 제국 등이 참여한 동맹국을 물리치고 승리하게 되었습니다.

제1차 세계 대전이 끝난 후 전쟁의 뒤처리를 위한 회

의가 열렸어요. 그 자리에서 미국의 대통령이었던 윌슨은 "모든 민족은 자신의 운명을 스스로 결정할 수 있어야 한다"라고 주장했습니다. 이 주장을 '민족 자결주의'라고 해요.

민족 자결주의는 우리나라 사람들에게 큰 희망이 되었어요. 이 주장이 조선을 일본으로부터 독립시켜 줄 근거가 되지 않을까 기대했던 것이죠.

새로운 분위기에 힘입어 우리나라의 독립을 주장하는 선언문을 발표하며 독립에 대한 의지를 보여 주는 사람들이 나타났어요. 심지어 일본의 수도인 도쿄에서 독립 선언을 했던 용기 있는 학생들도 있었답니다.

당연히 국내의 독립운동가들도 가만히 있지는 않았겠지요? 독립운동가들은 독립 선언과 더불어 보다 많은 사람들이 참여하는 운동을 계획했어요. 3·1 운동은 그렇게 시작됩니다.

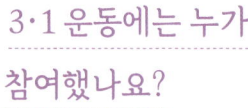

3·1 운동에는 누가 참여했나요?

학교 운동장에 전교생이 모두 모여 있고, 우리는 하늘 위에서 그 모습을 바라본다고 상상해 보세요. 한 사람 한 사람은 검은 점처럼 보일 거예요. 하지만 그 검은 점들이 모이면 새까만 행렬을 이루겠지요.

1919년 3월 1일에도 마찬가지였습니다. 수많은 사람들이 서울 종로 탑골 공원에 모였어요. 그리고 그 중심에는 학생들이 서 있었습니다. 학생들은 또렷하고 우렁찬 목소리로 독립 선언문을 읽어 내려갔어요.

"일본의 지배로 고통받은 여러분, 이제 때가 왔습니다. 우리의 힘을 보여 줍시다. 대한 독립 만세!"

학생들이 먼저 용기를 내자 어른들도 크게 감격했어요. 거리에는 점점 더 많은 사람들이 쏟아져 나와 태극기를 꺼내 들고 목 놓아 외쳤습니다.

"대한 독립 만세!"

학교 운동장보다도 훨씬 더 큰 서울 도시 한복판이 사람들로 가득 찼습니다. 그곳에는 정말 다양한 사람들이 있었어요. 남자, 여자, 나이 많은 사람, 젊은 사람, 부자인 사람, 가난한 사람 등 모두가 한마음이 되어 만세를 외쳤어요.

심지어 그들 중에는 학교를 뛰쳐나온 열 살짜리 어린아이도 있었고, 쇠약한 몸을 이끌고 거리로 향한 노인도 있었지요. 힘이 약한 아이와 노인들까지 만세 운동에 참여한 것입니다.

당황한 일본은 만세 운동에 참여한 사람들을 잡아넣겠다며 군인들을 동원합니다. 그리고 아무런 경고도 하

지 않은 채 막무가내로 총을 쏴 사람들을 죽였어요. 총알이 날아와 옆 사람이 쓰러지는 무서운 상황 속에서도 사람들은 만세를 외치며 계속 나아갔습니다. 어떻게 그런 용기를 낼 수 있었던 걸까요?

그동안 일본은 무단 통치라는 지배 방식을 통해 한국 사람들을 총과 칼로 다스려 왔습니다. 살벌한 분위기를 연출해 말 잘 듣는 식민지 백성을 만들려 했던 거예요. 일본은 이런 무단 통치로 십 년 가까운 세월 동안 조선을 무자비하게 짓밟았어요. 하지만 무단 통치도 우리 민족의 마음속에 자리 잡고 있던 희망만큼은 결코 꺾을 수 없었습니다.

사람들은 알고 있었어요. 우리나라가 독립하기 위해서는 독립운동가 몇 명만 희생하고 노력해서는 안 된다는 것을, 모두가 함께 손을 잡고 일어서야 한다는 것을 말이에요. 그래서 이때 정말 많은 사람들이 독립을 위해 만세 운동에 참여했어요.

그날 거리에 나선 사람들의 이름을 우리가 다 알 수는

없을 거예요. 하지만 적어도 우리는 그 사람들이 어떤 마음으로 거리에 나와 만세 운동에 참여했는지는 알 수 있지요.

우리가 3·1 운동에 참여했던 수많은 국민들의 의지와 열정을 마음에 간직하면 좋겠습니다. 나라를 위해 내린 그들의 선택이 역사를 바꾸는 한 걸음이 되었다는 사실도요.

멀리 퍼져 나가는 만세의 함성

서울에서 처음 시작된 3·1 운동은 금방 전국으로 퍼져 나갔습니다. 큰 도시뿐만 아니라 작은 도시와 농촌, 멀리 바다 건너 해외에서도 만세 소리가 울려 퍼졌어요.

3·1 운동에 참여한 사람은 이백만 명 정도라고 해요. 당시 우리나라 인구가 약 이천만 명이었으니까 거의 열 명 중 한 명이 운동에 참여한 거예요. 우리 역사에서 가

장 큰 규모로 일어난 독립운동이었지요.

　3·1 운동은 인도에서 일어난 비폭력 불복종 운동이나 중국의 5·4 운동 같은 다른 나라의 민족 운동에도 영향을 주었습니다. 우리 국민들이 보여 준 용기가 다른 나라 사람들에게도 큰 감명을 주었던 거예요.

　물론 3·1 운동 때문에 누구보다도 깜짝 놀란 것은 바로 일본 사람들이었어요. 십 년 가까이 우리나라를 지배하면서 우리 민족을 완전히 억눌렀다고 생각했거든요. 그런데 사람들이 힘을 모아 이토록 큰 규모의 만세 운동을 벌이다니요.

　게다가 외국 기자들을 통해 3·1 운동 소식이 해외에 알려지면서 행진하던 우리 민족에게 무자비한 폭력을 휘둘렀던 일본의 민낯도 함께 알려졌어요. 일본은 세계적인 망신을 당하게 되었습니다.

　결국 일본은 식민지 조선을 칼과 총으로 위협하며 무단으로 통치하는 방식을 바꿀 수밖에 없었어요. 겉으로는 부드러워 보이는 '문화 통치'로 방식을 바꾸었습니다. 3·1 운동을 통해 아무리 강력한 무단 통치도 독립을 향한 국민들의 의지를 꺾을 수 없다는 사실을 알게 되었으니까요.

3·1 운동과 대한민국은 어떻게 이어져 있나요?

3·1 운동 이후 독립운동가들은 많은 고민을 했어요. 우리나라 사람들이 적극적으로 독립운동에 참여하면서 세계를 깜짝 놀라게 만들었잖아요. 독립운동가들은 앞으로 나아가야 할 독립운동의 방향만 뚜렷하게 제시한다면 계속 사람들의 힘을 하나로 모아 독립을 이룰 수 있다고 생각했을 거예요.

그래서 3·1 운동이 끝난 뒤에는 나라 안팎에 임시 정부가 세워져요. 국내에는 한성 정부가, 연해주에는 대한 국민 의회가, 상하이에는 대한민국 임시 정부가 만들어집니다.

그런데 정부가 여러 개로 나뉘어 있으면 힘을 하나로 모으기가 어렵잖아요. 그래서 독립운동가들은 임시 정부의 통합을 추진해요.

여러 논의 끝에 상하이에 있는 대한민국 임시 정부로 통합이 이루어집니다. 아직은 일본의 식민 지배 아래 있으니 '임시' 정부라고 불렀어요. 우리나라가 독립한다면 정식 정부가 되겠지요.

대한민국 임시 정부는 국내외 독립운동 단체와 비밀스럽게 연락을 주고받으며 지시를 내렸어요. 또 독립신문을 발간하고 서양의 강대국들에게 우리의 현실을 알리는 외교 활동에도 집중했습니다. 독립에 필요한 자금을 모으기 위해서도 많은 노력을 했지요.

머나먼 외국 땅에서 대한민국 임시 정부를 이끌어 가는 요인들의 생활은 고달프고 힘들었습니다. 정체를 숨긴 채 비밀 임무를 수행해야 했고 독립운동 자금을 전달받지 못해 건물의 집세를 내지 못할 때도 있었어요.

이런 험난한 상황에도 불구하고 대한민국 임시 정부는 우리 국민을 대표하는 정부로 자리매김했습니다. 독립을 대비해 정식 정부가 될 수 있도록 조직을 체계적으로 구성했기 때문이에요.

특히 대한민국 임시 정부는 나라의 이름과 나라를 다스리는 방식, 그리고 헌법에서 민주주의 정신을 담아 내려고 노력했어요. 민주주의란 나라의 진정한 주인이 국민임을 뜻하는 말입니다. 우리 한 사람 한 사람이 나라의 주인인 것이지요.

그동안 우리 역사 속 나라의 형태는 전부 왕국이나 제국이었어요. 나라를 다스리는 지도자는 절대적인 권력을 가지고 백성들을 다스렸습니다.

하지만 1919년 3월 1일로 가면 우리는 독립을 위해 광장에 모여 자신의 목소리를 내는 사람들을 만나게 됩니다. 오랜 시간 동안 백성으로 살던 사람들이 이제 스스로 생각하고 움직이는 시민으로 깨어난 거예요. 그렇게 해서 정해진 나라 이름이 바로 '대한민국'입니다. 더 이상 왕국이 아니에요. 이제는 국민이 나라의 주인임을 선포한 것입니다.

마지막으로 우리나라 헌법을 다시 한번 살펴볼까요? 대한민국 헌법 제1조는 두 개의 조항으로 이루어져 있는데요. 내용은 다음과 같습니다.

① 대한민국은 민주공화국이다.
② 대한민국의 주권은 국민에게 있고, 모든 권력은 국민으로부터 나온다.

어때요? 대한민국이라는 나라의 주인이 누구인지 명확하게 나와 있지요?

이처럼 3·1 운동 이후 대한민국 임시 정부가 수립되면서 지금 우리가 쓰고 있는 '대한민국'이라는 나라 이름이 탄생합니다. 3·1 운동을 계기로 대한민국이 출발했다는 말이 이제 무슨 뜻인지 알겠죠?

대한민국은 저절로 만들어지지 않았다

 오늘날 우리는 대한민국이라는 나라에서 당연하게 살아가고 있어요. 마치 원래 이런 나라가 있었던 것처럼 자연스레 말이죠. 하지만 대한민국이라는 이름을 얻기까지, 그리고 국민이 나라의 주인이 되는 나라를 만들기까지는 정말 많은 사람의 피와 땀, 눈물이 필요했습니다. 우리가 당연하게 누리는 대한민국의 많은 것들은 사실 과거 사람들이 우리에게 준 선물이에요.

 우리도 스스로에게 질문을 던져 봐요. 과연 나는 나라의 주인으로, 대한민국이라는 나라의 국민으로 어떤 역할을 하고 있을까요?

 엄청나게 특별하고 대단한 일을 해야만 나라의 주인이 되는 것은 아니에요. 주변에서 일어나는 잘못이나 불합리한 행동에 맞서고 법과 도덕을 잘 지킨다면 누구나 나라의 주인이라고 할 수 있어요.

 지금도 우리나라에는 해결해야 할 많은 문제가 있어

요. 환경 문제도 있고 일상에서 부당하게 차별받는 사람들도 많습니다. 3·1 운동 당시 사람들이 일본에 맞서 독립운동을 펼치며 대한민국 임시 정부를 만든 것처럼, 우리도 우리를 둘러싼 문제를 놓고 고민하며 조금씩이라도 해결하려 노력해 보았으면 좋겠습니다.

독립운동가들이 목숨을 걸고 싸웠던 이유는 무엇인가요?

나는 누구로 살 것인가

여러분이 만약 일제 강점기에 살았던 독립운동가라면 어떤 방식으로 독립운동을 하고 싶은가요? 많은 친구들이 일본을 무력으로 혼내 주고 싶다고 이야기합니다. 일본의 폭력에 당한 것이 많으니까 그만큼 똑같이 돌려줘야 한다고 생각하는 거죠. 일본과 싸워 시원하게 이기길 바라는 마음도 있을 거고요.

이러한 방법은 실제로 우리의 독립운동 방법 중 하나

였습니다. 이를 '무장 독립 투쟁'이라고 하는데요. 3·1 운동 이후 더 이상 평화적인 방법만으로는 일본에 저항할 수 없다고 생각하는 사람이 많아졌어요. 이들은 일본과 전쟁을 벌여 독립을 이뤄 내야 한다고 생각했죠.

그런데 전쟁이란 것이 말처럼 쉬운 일이 아니잖아요. 그러다 보니 무장 독립운동의 길은 정말 고되고 힘겨웠어요. 사람들을 끌어모아 군인으로 훈련시켜야 했고, 이들이 먹을 식량도 마련해야 했어요. 무기도 필요했고요.

이 모든 것을 제대로 준비하기 위해서는 막대한 돈과 시간이 필요했어요. 특히 일본의 감시를 피해 군사를 키운다는 것은 쉽지 않은 일이었죠. 그래서 만주나 연해주 등 나라 밖에 있는 독립운동 기지를 기반으로 많은 독립군 부대가 만들어집니다.

그렇게 해서 길러 낸 독립군은 적으면 열 명에서 스무 명, 많아 봐야 수백 명 정도였어요. 전투를 위해 필요한 무기를 구하기도 어려웠지요. 반면 일본군은 최신식 무기에 막강한 전투력을 지니고 있었어요. 당시 일본군

은 강대국 중 하나인 러시아를 상대로도 전쟁에서 승리한 동아시아 최강의 군대였습니다.

하지만 독립군은 적은 인원인 만큼 일본군보다 빨리 움직일 수 있었어요. 독립군 부대는 일본군과 싸우는 척하면서 후퇴하는 방법으로 조금씩 다른 지역으로 이동했습니다. 몇 날 밤을 지새워 전투를 펼쳤는데도 좀처럼 독립군이 잡히질 않으니 일본군 입장에서는 얼마나 약이 올랐겠어요? 그렇게 독립군은 계곡이나 산골짜기 깊숙한 곳까지 일본군을 유인했지요.

일본군이 비좁고 가파른 계곡 길에 들어서자 드디어 독립군의 기습이 시작됐어요. 독립군은 계곡 옆 수풀과 높은 절벽 위에 숨어서 일본군에게 총을 쐈습니다.

이렇듯 독립군은 지형을 유리하게 이용하거나 기습 작전을 펼치는 등 뛰어난 전술로 일본군에게 큰 피해를 줄 수 있었습니다. 홍범도가 이끄는 대한 독립군과 독립군 연합 부대는 봉오동에서 일본군을 크게 무찔렀죠.

또 김좌진이 이끄는 북로 군정서군과 독립군 연합 부대는 청산리 전투를 대승으로 이끌었습니다. 청산리 전투는 독립군이 거둔 최대 규모의 승리였어요.

봉오동 전투와 청산리 전투에서 크게 패배한 일본은 보복으로 무시무시한 일을 일으킵니다. 간도에 있는 독립군을 공격한다는 핑계로 그 지역에 살고 있는 한국 사람들을 무차별하게 학살한 거예요. 너무 가슴 아픈 일이죠. 이 사건을 '간도 참변'이라고 합니다.

독립군은 간도 참변 때문에 이전보다 더 힘든 상황에서 일본과 싸워야만 했어요. 하지만 그들은 결코 독립의 꿈을 포기하지 않았습니다.

총으로 사람을 쏘는 일은 나쁜 짓 아닌가요?

옷을 쫙 빼입은 근사한 청년이 사진을 찍고 있습니다. 그가 사진을 남기는 이유는 특별해요. 머지않아 일본의 고위 관리를 향해 폭탄을 터뜨릴 예정이거든요.

당연히 위험천만한 상황이 벌어지겠죠. 어쩌면 목숨을 잃을지도 몰라요. 이 청년은 지금이 자신의 마지막 모습이 될지도 모른다는 생각으로 사진을 찍고 있었던 거예요. 왜 이 청년은 그토록 두려운 죽음의 길을 선택하게 되었을까요?

폭탄을 가슴에 품은 채 거리로 나아갔던 청년들. 그들

이 속한 단체의 이름이 바로 '의열단'입니다.

의열단 단원들은 우리나라의 독립을 위해 일본의 통치 기관을 파괴하거나 일본의 주요 인물과 친일파를 암살했습니다. 이렇게 직접적인 무력을 이용해 일본을 혼내 주는 활동을 의열 투쟁이라고 불러요. 정'의'롭고 맹'렬'한 투쟁이라는 뜻이지요.

가끔 폭탄을 터뜨리거나 총으로 사람을 쏘는 일은 나쁘지 않느냐고 묻는 친구들이 있어요. 그러나 일본의 통치 방식이 날이 갈수록 교묘해지고 탄압은 점점 악랄해지는 상황 속에서는 어쩔 수 없는 선택이기도 했습니다. 약자가 강자에게 저항하기 위해 마지막 수단으로 선택한 방법이었지요.

의열단 단원들은 자신들이 목숨을 바쳐 독립 의지를 보인다면 수많은 사람들이 용기를 낼 수 있을 거라 믿었어요. 의열 투쟁이야말로 조국의 독립을 앞당길 방법이라 여긴 것이죠.

의열단의 의열 투쟁은 곳곳에서 일어났습니다. 일본

이 한국을 다스리기 위해 세운 핵심 기관인 조선 총독부를 비롯해서 독립운동가들을 잡아 가두고 고문했던 종로 경찰서, 경제 수탈의 중심에 있었던 조선 식산 은행과 동양 척식 주식회사까지 공격했어요.

심지어 일본 천황이 사는 도쿄의 궁성에도 폭탄을 던져 일본의 간담을 서늘하게 만들었지요. 때로는 폭탄이 계획대로 터지지 않아 거사가 실패로 돌아갈 때도 있었지만 그 시도만으로도 우리의 독립 의지를 보여 주기에는 충분했습니다.

때로는 한 편의 영화를 보는 것 같은 상황이 펼쳐지기도 했어요. 수많은 일본 군인과 경찰들이 폭탄을 던진 의열단 단원을 추격했습니다. 탕! 탕! 서울 시내 한복판에서 총격전이 벌어졌어요.

일본의 포위망이 좁혀지는 순간 의열단 청년은 마지막 총알 한 발을 자신에게 겨누고 "대한 독립 만세"를 외치며 스스로 죽음을 선택했습니다. 마지막 순간까지 일본에 굴복하지 않겠다는 의지를 보여 준 것이죠.

당시 의열단 단원들의 나이는 겨우 열여덟 살에서 스물여섯 살 사이였어요. 지금으로 치면 학교에 다니거나 취업을 준비하는 나이였겠지요. 젊은 청년들이 자신의 목숨을 나라의 독립과 맞바꿨던 거예요.

이렇게 목숨을 바쳐 일본과 싸운 의열단의 소식이 실린 신문을 읽는 우리 민족의 마음은 어땠을까요? 말로 표현할 수 없을 만큼 가슴이 벅차고 뜨거웠을 거예요. 그들이 전해 준 희망을 느꼈을 거고요. 의열단이 가슴 깊숙이 품었던 꿈, 폭탄에 실었던 간절한 꿈이 그렇게 사람들에게 전해지지 않았을까요?

조선인, 도쿄를 공격하다

대한민국 임시 정부는 독립운동 자금을 얻기 위해 만든 연통제와 교통국 조직이 일본에 드러나면서 큰 어려움에 빠지게 되었어요. 이때 대한민국 임시 정부 내부에서도 독립운동 방향에 대한 의견이 나뉘면서 대립이 발생했지요.

　대한민국 임시 정부의 새로운 방향을 찾기 위해 열었던 회의마저 제대로 이루어지지 않으면서 임시 정부에서 빠져나가는 독립운동가들이 생겨납니다. 대한민국 임시 정부가 큰 위기를 맞게 된 것이죠. 그런 상황에서 임시 정부를 이끌던 지도자 김구는 '임시 정부는 여전히 존재한다. 우리는 지금도 싸우고 있다'라는 사실을 보여 주려 했어요.

　그때 기노시타 쇼조라는 일본식 이름을 가진 한국인 청년이 김구를 찾아옵니다. 그의 한국 이름은 이봉창이었어요. 김구의 눈에는 그가 꽤 수상했을 거예요. 일본인만큼 일본어를 잘하고, 오히려 한국어가 어눌했거든요. 그러니 일본이 보낸 스파이가 아닐까 의심했겠지요.

　원래 이봉창은 딱히 나라를 걱정하는 사람이 아니었어요. 독립운동에도 관심이 없었습니다. 그의 관심사는 오직 어떻게 하면 편안하고 즐겁게 살 수 있을지에 관한 것뿐이었지요. 그는 일본으로 건너가 이름도 일본식으로 바꾸고 일본인에게 입양되어 호적도 옮겼어요.

일본 상점에서 일하게 된 이봉창은 영화와 음악을 즐기면서 하루하루를 보냅니다. 그때까지만 해도 그는 이대로 쭉 일본인처럼 살 수 있을 거라고 생각했을지도 몰라요.

그러던 어느 날 교토에서 일본 천황의 즉위식이 벌어졌어요. 이봉창은 일본인들과 한데 뒤섞여 그 광경을 구경하고 있었지요. 그런데 경찰의 검문에 걸려 그가 한국인 출신이라는 사실이 드러나 버립니다. 일본 경찰들은 그가 단지 한국인이라는 이유만으로 위험 인물이라며 감옥에 가두어 버렸지요.

이 사건으로 이봉창은 커다란 충격에 빠집니다. 결국 자신은 한국인일 수밖에 없다는 사실, 그리고 한국인이라는 이유만으로 이토록 차별받아야 하는 현실을 온몸으로 깨달았거든요.

이때 그는 자신의 인생을 바꿔 놓을 질문을 던집니다.

"나는 대체 누구인가? 나는 누구로 살 것인가?"라는 질문을요. 이 질문을 통해 이봉창은 어떤 인생을 살아야 하는지 답을 찾았던 것 같아요.

이봉창은 김구를 찾아가 독립운동을 위해 목숨을 바치겠다고 말합니다. 자신의 손으로 일본 천황을 암살하겠다는 계획도 털어놓지요. 처음에는 이봉창을 의심하던 김구도 곧 그의 진심을 깨닫게 되었어요. 김구는 대한민국 임시 정부에서 만든 의열 투쟁 단체인 '한인 애국단'의 단원으로 이봉창을 임명합니다.

이봉창은 한인 애국단의 일원으로서 일본 천황을 암살하겠다는 내용의 선서문을 소리 내어 읽었어요. 그리고 태극기 앞에 서서 양손에 수류탄을 들고 사진을 찍습니다.

죽음을 앞두고 사진을 찍으면서 이봉창은 어떤 생각을 했을까요? 아마도 내가 누구인지, 어떻게 살 것인지에 대한 답을 찾았다고 생각하지 않았을까요?

1932년 1월 8일 이봉창은 일본의 수도인 도쿄에서

일본 천황이 탄 마차에 폭탄을 던졌습니다. 당시 일본은 여러 나라를 식민지로 거느리고 있었는데요. 일본 천황을 암살하려 시도한 나라는 한국이 유일했습니다. 이봉창의 시도는 누구도 상상할 수 없을 만큼 위험했고, 그만큼 위대한 일이었던 거죠.

하지만 성능이 좋지 않던 폭탄은 제대로 폭발하지 않았어요. 그 자리에서 체포된 이봉창은 서른두 살의 젊은 나이로 세상을 떠나게 됩니다.

비록 이봉창의 의거는 실패로 끝났지만 그의 시도는 엄청난 결과를 가져왔어요. 중국의 신문들은 앞다투어 이봉창의 의거를 보도했습니다. 한 신문은 "한국인 이봉창이 일본 천황을 저격했으나 불행히도 명중시키지 못했다"라고 신문 기사를 내기도 했죠. 당시 중국 역시 일본의 침략에 고통받고 있었거든요.

첫 번째 한인 애국단원이었던 이봉창의 의거 이후 윤봉길의 의거가 이어지며 중국 국민당 정부는 한국의 독립운동을 지원하기 시작합니다.

역사는 나만의 가치를
찾아내도록 돕는다

이봉창은 김구에게 '영원한 쾌락'을 위해 독립운동에 뛰어든다고 말했어요. 쾌락은 유쾌하고 즐겁다는 뜻이에요. 어떻게 목숨을 잃을지도 모르는 독립운동이 즐거울 수 있을까요?

아마 이봉창이 생각한 영원한 쾌락은 일본의 지배에서 벗어나 사람들이 평범한 일상을 즐기며 살아가는 세상이 아니었을까 싶어요. 그래서 그는 일본인 흉내를 내며 편안한 삶을 살기보다 나라의 독립을 위해 목숨을 던지는 길을 선택한 것이죠.

일제 강점기에 일본을 도운 친일파들이 있습니다. 그들은 나 혼자 잘 먹고 잘살기 위해 일본에 충성하는 길을 선택했어요. 나라와 민족의 어려움은 외면한 채 말이죠. 친일파와 독립운동가의 선택이 달랐던 이유는 "나는 누구로 살 것인가?", "어떻게 살 것인가?"라는 질문에 대한 답이 달랐기 때문이에요.

　우리는 어떤 목적을 가지고 사느냐에 따라 나의 가치를 빛내는 삶을 살 수도 있고, 당장의 즐거움만 따르는 삶을 살 수도 있어요.

　나의 존재, 나의 가치, 나의 의미는 그 누구도 정할 수 없습니다. 오직 나만이 내 삶을 선택하고 빛낼 수 있다는 것을 여러분이 잊지 않았으면 좋겠어요.

9장

일제 강점기 학생들은
어떤 공부를 했나요?

학생은 역사의 거인이다

5월 5일은 어떤 날이죠? 바로 우리가 손꼽아 기다리는 어린이날입니다. 그렇다면 혹시 '학생의 날'이 언제인지 알고 있나요? 아무래도 쉬는 날이 아니다 보니 어린이날에 비하면 거의 알려지지 않은 기념일이에요.

학생의 날의 정확한 이름은 '학생 독립운동 기념일'이에요. 일제 강점기에 우리 학생들은 3·1 운동, 6·10 만세 운동 등 다양한 독립운동에 적극적으로 참여했습니다. 때로는 어른들조차 하지 못한 일을 앞장서서 해내기도 했죠.

그리고 1929년 11월 3일에는 광주 학생 항일 운동이라는 3·1 운동 이후 민족 최대의 항일 민족 운동을 이끌어 냈어요. 학생의 날은 이 운동을 기념하는 날이지요.

학생들이 독립운동에서 어떤 모습을 보여 주었는지 알게 된다면 여러분도 분명 학생의 날의 의미를 가슴 깊숙이 새길 수 있을 거예요. 그럼 지금부터 광주 학생 항일 운동이 일어난 그날로 떠나 봅시다!

어린 학생들이 어떻게 독립운동을 이끌었나요?

앞서 살펴본 3·1 운동 이후 독립운동가들은 두 번째 만세 운동을 준비하며 때를 기다렸습니다. 이들은 다시 한번 모든 사람이 참여하는 운동을 일으켜 독립에 대한

민족의 의지를 보여 주려 했어요.

그러던 중 대한 제국의 마지막 황제였던 순종이 세상을 떠나게 됩니다. 1926년 6월 10일 순종의 장례식이 열릴 예정이었죠.

독립운동가들은 이날을 두 번째 만세 운동을 하는 날로 점찍어 두었습니다. 3·1 운동도 고종 황제의 장례식에 사람들이 모이면서 시작되었거든요. 독립운동가들은 나라를 잃은 국민의 서러움과 분노를 모아 폭발적인 힘을 보여 주려고 했어요.

하지만 이미 한 차례 3·1 운동을 겪은 일본이 순종의 장례식을 가만히 지켜볼 리가 없겠지요? 일본은 수천 명의 군인을 오늘날의 서울인 경성에 배치해 철저하게 감시했습니다. 조금이라도 수상쩍은 사람들이 있으면 싹 다 잡아갔어요.

그래서 시위를 준비하던 독립운동가들조차 꼼짝할 수 없게 되었어요. 당시 분위기가 어찌나 살벌했는지 만세를 외치기는커녕 입도 뻥끗하기 어려웠거든요.

이때 발이 묶여 꼼짝할 수 없는 어른들을 대신해 어린 학생들이 하나둘 나서기 시작했습니다. 학생들은 하루 전날부터 몰래 모여 태극기를 챙기고 독립에 대한 열망을 담은 글을 썼어요. 이 글을 길거리에 뿌려 더 많은 사람들의 참여를 이끌어 내려 했지요.
　순종 황제의 장례식 당일 학생들은 일본 군인과 경찰들의 삼엄한 경비망을 뚫고 거리로 달려 나갔습니다. 그리고 예정대로 만세 운동을 진행했어요.

숨 막히는 감시와 위협 속에서도 용기 있게 대한 독립 만세를 외치는 학생들을 보자 순종의 장례식 행렬에 섰던 어른들도 함께 용기를 내기 시작합니다. 그렇게 시위는 순식간에 커졌어요. 일본이 격

정했던 상황이 다시 벌어지고 만 거예요. 이날의 운동을 '6·10 만세 운동'이라 부릅니다.

그렇지만 6·10 만세 운동은 3·1 운동처럼 전국적으로 퍼져 나가지는 못했어요. 일본이 철저하게 시위를 진압했기 때문이죠.

하지만 학생들이 주도한 6·10 만세 운동을 보고 독립운동가들은 깊은 감명을 받아요. 그리고 하나의 사실을 깨닫게 됩니다. 서로 다른 생각을 가졌더라도 함께 모여야 한다는 것을요.

6·10 만세 운동 이후 독립운동가들은 힘을 모으기 위해 독립운동 단체들을 하나로 합쳐 '신간회'라는 조직을 만듭니다. 학생들이 독립운동의 흐름을 바꾸는 데 큰 역할을 한 거예요.

어른들도 쉽게 나서지 못할 만큼 일본의 감시가 심한 상황에서 학생들은 어떻게 용기를 낼 수 있었을까요? 교실을 벗어나 역사의 현장인 길거리로 달려 나왔을 때 학생들은 어떤 마음이었을까요? 아마도 자신이 할 수 있는 일이라면 어떤 일이라도 하겠다는 마음이었을 거예요. 그리고 이런 뜨거운 의지는 다른 사람들을 움직이는 힘이 되었지요.

광주 학생 항일 운동은 왜 시작되었나요?

정의롭지 못한 일, 도덕과 예의에 어긋난 옳지 않은 일을 '불의'라고 합니다. 일제 강점기에는 어른들뿐만 아니라 학생들도 불의를 겪을 때가 많았지요.

3·1 운동 이후에는 학생들도 일본의 식민 지배에 저항하는 단체를 만들기 시작했습니다. 학생들은 서로 이야기를 나누면서 일본의 지배가 얼마나 부당한지 깊이 깨닫게 되었어요. 특히 한국인을 차별하는 교육 제도에 대해 큰 불만을 가지고 있었지요.

이처럼 학생들의 민족의식이 점점 높아지는 상황 속

에서 한국 학생들의 분노가 폭발하는 사건이 일어납니다. 광주를 출발해서 나주로 향하던 기차에서 일어난 일이었어요. 기차에는 학교에 가는 수많은 한국인 학생과 일본인 학생들이 타고 있었지요.

그런데 갑자기 일본 학생들이 한국인 여학생의 댕기머리를 잡아당기며 기분 나쁜 짓을 하기 시작했어요. 일본 학생조차 한국인 학생을 얕잡아 봤기 때문에 일어난 일이었죠.

여러분이라면 어떻게 했을까요? 일본 학생들과 싸워 봤자 좋을 것도 없으니 참고 넘어갔을까요, 아니면 일본 학생들의 잘못된 행동을 지적해야 할까요?

우리에게는 종종 이런 선택의 순간이 찾아오곤 합니다. 어떤 선택을 하느냐에 따라 역사의 구경꾼이 될 수도 있고, 역사를 이끌어 가는 주인공이 될 수도 있지요.

이날 한국인 학생들은 참지 않았어요. 오랫동안 일본의 식민 통치 아래에서 차별 대우를 받으면서 억눌러 왔던 학생들의 분노가 터져 나왔습니다. 결국 한국인 학생들과 일본인 학생들 사이에 시비가 붙게 돼요. 여기에 지나가던 학생들까지 끼어들면서 싸움의 규모는 점점 커져만 갔지요.

곧 학생들의 싸움을 말리러 경찰이 왔습니다. 하지만 경찰은 일본 학생들 편만 들며 한국 학생들만 잡아들였어요. 심지어 이 사건을 다룬 신문도 일본 학생들에 유리한 내용만 담은 기사를 실었어요. 학생들은 이 사건을 통해 우리 민족이 당하는 차별을 뼈저리게 실감할 수 있었습니다.

1929년 11월 3일 이러한 상황에 화가 난 광주 지역의 학생들이 들고일어났어요. 학생들은 거리를 행진하며 시위를 벌였습니다. "대한 독립 만세!", "식민지 교육은 받고 싶지 않다!", "일본을 물리치자!"라고 열심히 외쳤지요.

이 소식은 전국의 학교들에 널리 알려지며 점차 전국적인 규모의 항쟁으로 발전합니다. 이 항쟁이 바로 광주 학생 항일 운동이에요. 이 운동에는 전국 백구십여 개의

학교에서 오만 사천여 명의 학생들이 참여했어요.

　학생들은 다 함께 학교에 가지 않고 시험을 거부합니다. 또 거리로 나와 만세 시위를 하거나 독립에 대한 의지를 담은 글을 써 사람들에게 나눠 주기도 했지요.

　일본은 한국인 학생들이 학교에 나오지 못하도록 막거나 아예 학교 문을 닫아 버렸어요. 이러한 강압적인 조치에도 학생들은 뜻을 굽히지 않았습니다. 나중에는 나라 밖까지 학생 운동이 퍼져 나가 만주와 일본에 사는 학생들까지 들고일어났어요. 운동에 참여했던 학생들은 이날 이후에도 일본에 저항하는 다양한 모임을 만들어 독립운동을 계속해 나갔습니다.

　결과적으로 광주 학생 항일 운동은 3·1 운동 이후 최대 규모의 민족 운동으로 역사에 남았습니다. 그리고 이 빛나는 역사는 기차에서 일어난 불의를 참지 않았던 학생들의 용기에서 시작되었지요.

학생은 역사의 중심이었다

요즈음 학교와 학원 생활을 반복하며 공부만 하는 학생들이 정말 많아요. 때로는 그런 모습이 정말 안타깝게 느껴져요. 물론 공부도 중요합니다. 공부를 통해 자신의 적성도 찾을 수 있고, 살아가면서 필요한 지식과 지혜를 얻을 수도 있으니까요. 하지만 공부가 학생들의 전부는 아니라고 생각해요.

어른들은 가끔 아이들에게 "너희가 뭘 안다고, 그냥 공부나 해!"라고 말할 때가 있어요. 그렇지만 이건 역사를 알지 못하기 때문에 하는 말이에요.

역사 속 학생들은 일제 강점기 독립운동의 당당한 주인공이었습니다. 독립운동가 어른들마저 일본의 탄압에 발이 묶여 꼼짝하지 못했을 때도, 친일파 어른들이 일본의 제안에 넘어가 나라를 팔아먹을 때도 학생들은 끝까지 저항의 목소리를 냈습니다. 거리로 뛰쳐나와 만세를 외치며 일본의 차별에 계속해서 맞섰어요. 학생들은 어른만큼이나, 혹은 어른들보다도 더 큰일을 해냈지요. 말 그대로 학생들은 '역사 속 거인'이었습니다.

학생은 그저 학교에서 공부만 해야 하는 존재가 아니에요. 여러분은 역사를 움직일 수 있는 무한한 가능성을 갖고 있어요. 옳지 않은 일에는 마음껏 목소리를 내고 두려운 순간에도 용기를 낼 수 있는 그런 존재이지요.

선생님은 여러분이 스스로 역사의 거인이라는 자부심을 가지기를 바랍니다. 그리고 학생으로서 우리가 할 수 있는 역할이 무엇인지 고민했으면 좋겠어요. 자유를 향해 마음껏 하늘을 날아가는 독수리가 되어 보는 거에요. 아마도 그것이 학생의 날이 지닌 진짜 의미가 아닐까요?

윤동주 같은 시인도
독립운동가인가요?

반성하는 마음

 어떤 친구가 나에게 잘못을 저질렀다고 생각해 봅시다. 친구가 자신의 잘못을 인정하고 진심으로 사과한다면 용서를 해 줄 수도 있겠지요. 하지만 어쩔 수 없이 그렇게 행동한 거라며 변명만 늘어놓거나 핑계를 댄다면 오히려 더 화가 날 거예요.
 사실 상대방에게 잘못을 인정하기 위해서는 큰 용기가 필요해요. 다시는 같은 잘못을 반복하지 않으려 노력하기도 쉽지만은 않고요.

　우리 역사에서도 크나큰 잘못을 저질렀으면서도 뻔뻔하게 변명만 늘어놓은 사람들이 있었습니다. 일제 강점기에 일본의 편에 서서 우리 민족을 괴롭히는 일에 앞장선 사람들, 바로 친일파입니다.

친일파는 자신의 잘못을 반성하지 않았나요?

　친일파 중에서는 뛰어난 재능과 지식을 가지고 사람들에게 존경을 받았던 사람이 많이 있어요. 3·1 운동 당시 민족 대표였던 사람도 있었고, 임시 정부에서 일했던 사람도 있었고, 인기 있는 책을 쓴 작가도 있었지요.

　일본은 이들에게 접근해 떵떵거리며 잘살 수 있는 미래를 약속했어요. 그러면서 친일파로 돌아서라고 설득했지요. 일본의 달콤한 말에 넘어간 많은 지식인들은 결국 친일의 길을 걷기 시작했습니다.

이들은 스스로 이름을 일본식으로 바꾸고 자신이 가진 재능과 글솜씨를 이용해 일본의 식민 정책을 알리는 데 적극적으로 참여했지요. 우리 역사를 나쁘게 왜곡하는 연구를 하기도 했고요. 한국 청년들에게 "대일본 제국을 위해 일본의 병사가 되어 전쟁터로 나가라"라고 말하는 내용의 글을 쓰기도 했습니다.

이러한 친일파 중에는 서정주라는 시인이 있어요. 우리나라 현대 문학의 발전에서 빼놓을 수 없을 정도로 뛰어난 시인입니다.

그런데 서정주는 일제 강점기에 일본을 옹호하는 시를 많이 발표한 인물이기도 해요. 그는 자신의 문학적 재능을 이용해 우리나라 청년들을 전쟁터로 몰아넣었어요. 일본의 식민 지배를 돕기 위해 자신의 능력을 사용한 거예요. 서정주 외에도 당시 많은 지식인이 친일의 길을 걸었습니다.

친일파는 민족을 배신한 자신들의 잘못된 행동을 합

리화하기 위해 그럴싸한 말로 변명을 늘어놓았어요. 살아남기 위해 어쩔 수 없이 일본에 협력했다고, 우리 민족의 발전을 위해서는 일본과 하나가 되어야 한다고 말했지요.

하지만 일제 강점기에 목숨의 위협을 느꼈던 것은 친일파만이 아니었어요. 독립운동가들도 마찬가지였습니다. 누군가는 나라 밖으로 나가 총 한 자루를 들고 추운 땅을 헤매고 다녔고, 누군가는 가문의 전 재산을 독립운동 자금으로 내놓았지요. 또 누군가는 밤새도록 우리말과 우리 역사를 연구했습니다. 감옥에서 고문을 받다가 세상을 떠난 사람도 셀 수 없이 많았어요. 그렇지만 그들은 자신의 편안한 삶을 위해 민족을 팔아넘기는 짓은 결코 하지 않았어요.

독립운동가와 친일파를 비교해 보면 같은 상황에 처해 있더라도 마음먹기에 따라 전혀 다른 선택을 한다는 것을 알 수 있어요.

친일파는 당장 눈앞에 보이는 잘못된 유혹에 넘어가

훗날 역사에 부끄러움으로 남을 선택을 했어요. 그들의 변명이 뻔뻔하게 들리는 까닭은 잘못을 저질렀으면서도 인정하기는커녕 부끄러움조차 느끼지 않는 태도 때문이 아닐까요?

시를 써서 독립운동을 한다고요?

앞서 이야기한 친일파와는 달리 자신의 행동을 돌아보며 끊임없이 부끄러움을 느꼈던 지식인도 있습니다. 일제 강점기를 살아가면서 치열하게 고민한 흔적을 자신의 시에 담아낸 시인, 바로 윤동주입니다.

여러분들은 윤동주 시인이 쓴 시를 읽어 본 적이 있나요? 윤동주의 시를 읽다 보면 반복해서 등장하는 단어가 있어요. 바로 '부끄러움'이에요. 윤동주의 시에는 '참회', '반성'이라는 단어가 참 많이 나옵니다. 대체 그는 무엇이 그렇게 부끄러웠던 걸까요?

1930년대부터는 일본의 민족 말살 정책이 펼쳐져요. 사람들은 이름을 일본식으로 바꿔야 했고 우리의 말과 글도 마음대로 쓰지 못했습니다.

당시 학생이었던 윤동주는 공부를 하기 위해 일본으로 유학을 갑니다. 그러면서 '히라누마 도주'라는 일본식 이름을 사용해요. 일본식 이름을 사용하지 않으면 학교에 입학할 수 없었거든요.

당시에는 대부분의 한국인들이 창씨개명을 할 수밖에 없었어요. 일본이 창씨개명을 강요했으니까요. 그러니 살기 위해서 어쩔 수 없이 눈물을 흘리며 부모님이 지어 준 이름을 바꿔야만 했던 것과 친일파처럼 앞장서서 이름을 일본식으로 바꾸고 한국인들에게 창씨개명을 하자고 부추기는 것은 다른 문제입니다.

하지만 윤동주는 자신의 이러한 선택을 '어쩔 수 없었다'라는 말로 정당화하지 않았습니다. 그의 시 〈별 헤는 밤〉을 보면 이런 구절이 나와요.

나는 무엇인지 그리워
이 많은 별빛이 내린 언덕 위에
내 이름자를 써 보고
흙으로 덮어 버리었습니다.

따는 밤을 새워 우는 벌레는
부끄러운 이름을 슬퍼하는 까닭입니다.

그러나 겨울이 지나고 나의 별에도 봄이 오면
무덤 위에 파란 잔디가 피어나듯이
내 이름자 묻힌 언덕 위에도
자랑처럼 풀이 무성할 거외다.

자신의 진짜 이름조차 당당하게 쓸 수 없었던 일제 강점기. 〈별 헤는 밤〉에 등장하는 사람은 무덤가에 자신의 이름을 썼다가 흙으로 덮어 버리고 맙니다. 일본식 이름을 지었다는 사실 때문에 끝없이 부끄러워하고 아파했던 윤동주의 마음이 잘 드러나지요.

그렇지만 윤동주는 그저 부끄러움만 느끼고 끝나지 않았습니다. 최선을 다해 자신을 부끄럽게 만드는 상황을 바로잡으려 노력했지요.

윤동주는 자신의 글에 언제나 한국 이름인 '윤동주'를 적었으며, 다른 사람들에게 자신을 소개할 때도 '윤동주'라고 소개했다고 해요. 시를 쓸 때도 일본어로 쓰지 않고 오직 한글로만 썼지요. 어디에서나 윤동주라는 이름을 사용하고자 했던 그의 모습에서 우리는 일본에 저항하는 마음가짐을 느낄 수 있습니다.

말과 글로 일본에 맞선 윤동주

윤동주의 시는 어려운 단어가 많지 않아 이해하기 쉽고 간결한 것이 가장 큰 특징입니다. 그러면서도 시인이 했던 고민이 생생하게 드러나 읽는 사람에게 그 마음이

고스란히 전해지지요.

　윤동주는 일본의 지배 아래에서 부끄러운 일을 정말 많이 겪어야 했을 거예요. 또 무장 독립 투쟁처럼 적극적인 독립운동에 뛰어들지 못하고 일본으로 유학을 가서 공부만 하는 자신이 답답하게 느껴졌을지도 모르죠. 하지만 그는 변명하거나 포기하지 않고 자신이 할 수 있는 것들을 해 나갑니다.

　윤동주는 일본 유학 생활 중에도 한국인 유학생 모임을 만들어 나라의 독립과 발전에 대해 끊임없이 논의합니다. 그러다 유학생들에게 독립을 바라는 마음을 심었다는 이유로 일본 경찰에 체포돼요.

　일본 재판정에 서야 하는 두려운 상황 속에서도 윤동주는 담담했습니다. 그를 조사한 문서와 판결문 곳곳에는 우리나라의 독립을 원한다는 윤동주의 생각이 분명하게 드러나 있어요. 그리고 일 년 뒤 윤동주는 감옥에서 원인을 알 수 없는 죽음을 맞이하죠. 이때 그의 나이는 고작 스물여덟이었습니다.

많은 친구들이 거리로 뛰어나가 폭탄을 던진 이들만 독립운동가로 기억하기 쉬운데요. 글, 그림, 음악, 영화와 같은 예술 작품 속에 독립을 바라는 마음을 담아 내는 것 역시 독립운동 방법 중 하나였습니다. 아름다운 예술 작품에는 사람들의 마음을 감동시켜 움직이는 힘이 있기 때문이에요.

윤동주와 같은 예술가들이 만든 작품을 보면서 우리나라 사람들은 일제 강점기라는 어두운 현실 속에서도 크나큰 용기를 얻을 수 있었습니다. 또 우리가 처한 현실을 깨닫고 일본과 끝까지 싸우겠다는 의지를 다질 수 있었지요.

윤동주는 일제 강점기를 살아가는 사람들이 얼마나 괴롭고 힘든지 시를 써서 표현했습니다. 그리고 그 시는 오늘날까지도 사람들에게 깊은 울림을 주고 있어요. 그는 총과 칼 대신 말과 글로 싸운 독립운동가였습니다.

실수보다 반성하는 마음이 중요하다

윤동주의 또 다른 시 〈서시〉에는 그의 반성하는 마음이 잘 나타나 있어요. 여러분도 함께 읽어 볼까요?

죽는 날까지 하늘을 우러러
한 점 부끄럼이 없기를,
잎새에 이는 바람에도
나는 괴로워했다.
별을 노래하는 마음으로
모든 죽어 가는 것을 사랑해야지
그리고 나한테 주어진 길을
걸어가야겠다.

오늘 밤에도 별이 바람에 스치운다.

정말 아름답지 않나요? 일제 강점기라는 암흑 같은 상황 속에서 흔들리며 마음을 바꾼 사람들이 엄청나게 많았잖아요. 앞장서서 일본 편을 든 친일파는 말할 것도 없고요. 그런데 윤동주는 괴롭고 힘들더라도 자신에게 주어진 길을 걸어가겠다고 말한 거예요.

우리는 살면서 종종 잘못을 저질러요. 나이가 든 뒤에도 마찬가지입니다. 완벽한 사람은 없으니까요. 그러니 실수하는 것 자체가 부끄러운 일은 아니에요. 하지만 자신의 실수와 잘못을 알면서도 고치려 하지 않는다면 부끄러운 일입니다.

우리는 모두 부끄러움이 무엇인지 알고 있어요. 이 마음은 스스로 떳떳하지 못할 때 생기는 감정이에요.

윤동주가 〈서시〉에 쓴 것처럼 "죽는 날까지 하늘을 우러러 한 점 부끄러움 없는" 삶은 어쩌면 그에게도 불가능한 일이었을 거예요. 그래서 윤동주는 끊임없이 부끄러워하고 반성했지요.

여러분이 보낸 오늘 하루 중에는 부끄러운 일이 없었

나요? 우리도 앞으로 늘 하루를 돌아보고 잘못이 있다면 반성하는 습관을 가졌으면 좋겠어요. 그렇게 반성하며 매일매일을 보낼 때 스스로에게 떳떳한 사람으로 성장하게 될 테니까요.

11장

우리는 미래를 위해
어떤 꿈을 꾸어야 할까요?

우리의 소원은 통일

여러분은 전쟁이 무엇이라고 생각하나요? 학생들에게 전쟁에 대해 물으면 대부분 "유튜브에서 봤어요!", "외국에서 일어나는 일 아니에요?" 같은 대답이 돌아옵니다. 심지어 게임에서 신나게 적과 싸우는 일이라고 답하는 친구들도 있지요. 지금 대한민국에 살고 있는 우리 친구들에게는 전쟁이 무엇인지 감이 잘 안 올 거예요.

하지만 전쟁은 오래된 역사 이야기에만 등장하는 사

건도, 게임 속 세상에만 있는 일도 아니에요. 지금도 지구 어딘가에서는 전쟁이 벌어지고 있습니다. 겨우 몇십 년 전에는 우리 할머니와 할아버지들이 이 땅에서 겪었던 일이기도 하지요.

어렵게 광복을 맞은 우리 민족은 얼마 지나지 않아 분단의 길을 걷게 됩니다. 그리고 같은 민족끼리 서로의 생각이 다르다는 이유만으로 총을 겨눴죠.

이 전쟁으로 수백만 명의 사람들이 죽었고 수많은 시설과 건물이 파괴되었어요. 온 나라가 폐허가 되었지요. 하지만 무엇보다도 가슴 아픈 것은 전쟁이 멈춘 지금까지도 우리 민족이 반으로 갈라져 있다는 사실이에요. 남한과 북한 사람은 같은 민족이지만 서로 자유롭게 만날 수조차 없지요. 바로 이 전쟁이 우리 민족의 아픔으로 남은 6·25 전쟁입니다.

전쟁은 한번 시작되면 돌이킬 수 없는 피해를 남깁니다. 그래서 우리는 전쟁이 일어난 이유가 무엇인지 잘 알아야 해요. 그리고 두 번 다시는 같은 일이 반복되지 않도록 노력해야 하죠.

　일제 강점기가 끝나자마자 또다시 전쟁이라니, 우리 역사에 아픔이 너무나 자주 찾아온다는 생각이 들기도 합니다. 하지만 비가 갠 뒤에 하늘이 가장 맑듯이 우리도 어려움과 아픔을 잘 이겨 낸다면 더 빛나는 내일이 찾아올 거예요.

우리 민족은 어쩌다 둘로 나누어졌나요?

　일제 강점기에 우리 민족이 맞서 싸워야 할 상대는 당연히 일본이었어요. 수많은 사람들이 일본의 식민 지배에 맞서 독립운동을 했습니다. 이 땅에서 일본만 몰아낸다면 누구의 간섭도 지배도 받지 않는 자유로운 나라를 만들 수 있을 거라고 생각했을 거예요.

　그러다 독립을 이룰 좋은 기회가 찾아왔어요. 당시 세계에서는 제2차 세계 대전이 벌어지고 있었거든요. 독일과 일본 등을 중심으로 한 추축국과 영국과 프랑스, 소련 등을 중심으로 한 연합국이 맞붙었지요.

그런데 일본이 미국을 기습 공격하면서 미국도 연합국 편에 서서 전쟁에 참여하게 되었습니다. 세계에서 손꼽히는 강대국인 미국을 상대로 전쟁을 벌이다니, 대부분의 사람들은 이 무모한 전쟁에서 일본이 패배할 거라고 예상했습니다.

일본이 전쟁에 정신이 쏠려 있는 틈을 타 대한민국 임시 정부는 본격적으로 독립 전쟁을 준비해요. 흩어진 독립군을 모아 한국 광복군이라는 군대를 만들고 미군과 힘을 합쳐 일본을 우리 땅에서 내쫓으려고 했어요. 이 계획을 '국내 진공 작전'이라고 합니다.

그런데 대한민국 임시 정부가 국내 진공 작전을 실행하기도 전에 일본이 갑작스럽게 항복해 버려요. 미국이 무리하게 전쟁을 계속하는 일본에 원자 폭탄을 투하했거든요. 엄청난 피해를 입은 일본은 항복을 선언했어요. 전쟁은 연합국의 승리로 끝나게 되었죠.

일본의 항복으로 우리가 광복을 이룬 것은 좋은 일이에요. 하지만 일본이 갑자기 항복하면서 우리는 우리 힘으로 일본을 몰아낼 기회를 잃었습니다.

물론 일본이 항복하기 전부터 연합국은 이미 여러 선언을 통해 한국의 독립을 약속한 상태였습니다. 우리 민족의 끈질긴 독립 투쟁을 세계가 인정한 것이지요. 하지만 한국 문제에 대해 승전국인 미국과 소련 등 연합국의 입김이 강하게 작용할 수밖에 없었죠.

당시 세계에는 팽팽한 긴장감이 감돌고 있었습니다. 미국과 소련이라는 제일 강한 두 나라가 서로 힘을 과시하고 있었는데요. 두 나라는 '나라의 경제를 어떻게 운영할 것인가'에서 생각의 차이를 보였어요. 미국은 자본주의, 소련은 사회주의라는 방식을 선택했지요. 그러자 세계의 모든 나라들이 미국과 소련의 눈치를 보기 시작했습니다. 자본주의 혹은 사회주의 둘 중 하나를 골라 줄을 서야 하는 분위기였어요.

이런 상황에서 일본이 항복하기 직전에 소련은 일본

과 싸우면서 미국보다 먼저 한반도의 북한 지역에 들어와요. 미국은 소련에 제안합니다. 38도선을 경계로 나누어 한반도를 점령하자고 했지요. 소련이 여기에 동의하면서 북한 지역에는 소련이, 남한 지역에는 미국이 들어서게 되었습니다.

이렇게 일본이 물러가자마자 우리는 다시 다른 나라들의 간섭을 받게 되었어요. 민족 지도자들도 가지고 있는 생각의 차이에 따라 점점 둘로 나뉘었습니다. 미국과 가까운 자본주의를 지지하는 쪽과 소련과 가까운 사회주의를 지지하는 쪽으로 나뉘게 되었죠. 두 세력은 서로 마음을 하나로 모으지 못하고 강하게 대립했어요.

대한민국 임시 정부를 이끌었던 김구는 온 국민이 마음을 모아 하나의 통일 정부를 세워야 한다며 간절하게 호소했습니다. 하지만 이미 둘로 갈라진 지도자들의 마음을 되돌리기엔 너무 늦은 상황이었지요. 결국 남한과 북한이 각각 정부를 수립하면서 한반도에는 두 개의 나라가 세워집니다.

이때 김일성이 이끄는 북한 정부는 소련과 중국의 도움을 받아 은밀하게 군대를 기르고 있었습니다. 남한 정부를 부정하고 한반도 전체를 사회주의 국가로 만들기 위해 전쟁을 준비하고 있었던 거예요. 한반도에는 점점 위태로운 기운이 흐르기 시작했습니다.

6·25 전쟁은 어떻게 벌어지게 되었나요?

1950년 6월 25일 일요일 새벽 4시, 북한은 기습적으로 남한을 침략합니다. 한밤중에 갑자기 폭탄이 떨어지고 탱크가 밀려오기 시작했죠. 우리 민족 최대의 비극인 6·25 전쟁은 이렇게 시작되었습니다.

대부분의 전쟁은 시작할 때 상대 나라에 미리 경고를 해요. 경고와 함께 전쟁을 벌이는 이유를 밝히는데요. 북한은 아무런 경고도 없이 한밤중에 남쪽으로 밀고 내려왔습니다.

갑작스러운 북한의 공격에 남한은 속수무책으로 당할 수밖에 없었어요. 전쟁이 일어난 지 삼 일 만에 수도인 서울을 빼앗기고 맙니다. 얼마 지나지 않아 경상도 일부 지역과 낙동강 방어선만을 남겨 둔 채 간신히 버티는 상황이 되었지요.

앞서 미국과 소련이 각각 자본주의와 사회주의라는 경제 방식을 가지고 서로 대립했다고 이야기했었지요? 사실 두 나라는 한반도의 절반이 아닌 전체를 자신의 세력으로 만들고 싶어 했어요. 그런데 갑자기 북한의 공격에 남한이 무너질지도 모르는 상황이 된 거예요. 소련의 지원을 받은 북한이 승리한다면 한반도는 사회주의 국가가 될 수도 있었지요.

국제 평화 기구인 유엔은 북한의 공격을 침략으로 보고 미국을 비롯한 열여섯 개의 나라로 이루어진 유엔군을 파견합니다. 국군과 유엔군은 인천 상륙 작전을 펼쳐요. 한반도의 중간에 있는 인천에 배를 내려 군사들을 투입해 남쪽에 내려가 있는 북한군의 뒤를 공격한다는

작전이었어요. 이 작전이 성공하면서 전쟁은 남한 쪽으로 유리해집니다. 연합군은 기세를 몰아 한반도의 북쪽 끝 압록강까지 밀고 올라갔어요.

북한의 상황이 불리해지자 사회주의 국가들 역시 손 놓고 있을 수만은 없었겠죠? 중국이 북한을 지원하고 나섭니다. 중국은 엄청나게 많은 숫자의 군대를 한반도로 보냈어요. 중국군의 참전으로 다시 국군과 유엔군은 후퇴해야만 했지요.

이후 삼 년 동안 크고 작은 전투가 한반도에서 계속 이어졌어요. 남한과 북한뿐 아니라 전쟁에 참여한 다른

나라 군인들의 피해 역시 점점 심각해졌습니다. 자칫하면 한반도에서 또다시 세계 대전이 벌어질지도 모를 일이었죠. 결국 소련이 휴전을 제안하게 되는데요. 오랜 협상 끝에 1953년 7월 27일 남북한 사이에 휴전선이 그어지며 전쟁이 중단됩니다.

처음 자본주의와 사회주의라는 경제 방식은 사람들이 더 잘 살 방법이 무엇인지 고민하면서 만들어진 것이었어요. 그런데 사람들은 생각이 다르다는 이유로 서로를 적으로 여기기 시작했습니다. 결과적으로 전쟁까지 일어났으니 안타까운 일이 아닐 수 없어요. 사람보다 자신들이 지키고자 하는 생각을 더 중요하게 여기다 보니 벌어진 일이었죠. 수많은 사람들에게 피해를 주는 전쟁은 어떤 이유에서든 지지를 받을 수 없어요.

현재 우리나라는 정전 국가입니다. 전쟁이 완전히 끝나지 않은 채 멈추어 있는 나라라는 뜻이지요. 선생님은 여러분이 전쟁의 역사를 기억하고 그 의미를 마음속에 새기면 좋겠습니다. 다시는 이 땅에 전쟁이 벌어지지 않도록 말이에요.

전쟁 뒤 남북 관계는 어떻게 달라졌나요?

크게 싸운 친구와 화해한다고 생각해 보세요. 아직 미운 마음이 사라지지 않았을 수도 있고 얼굴을 보고 이야기하는 것이 어색하게 느껴질 수도 있지요. 누구나 자신의 입장을 먼저 생각하기 때문에 나의 잘못보다 상대방의 잘못이 더 크게 느껴질 거예요. 하지만 서로 자존심만 내세우다 보면 대화를 나누기가 쉽지 않아요.

6·25 전쟁이 끝난 뒤 우리나라의 상황은 말 그대로 처참했습니다. 삼 년 동안 전쟁이 계속되다 보니 남한 북한 가릴 것 없이 엄청난 피해를 입었어요. 한반도는 거의 폐허나 다름없는 수준이 되었지요.

전쟁으로 수백만 명의 사람들이 죽거나 다쳤고 부모를 잃은 아이들과 집 없이 떠도는 사람들이 길거리에 가득했습니다. 피난을 가는 중에 뿔뿔이 흩어져 가족을 잃어버린 사람들도 많았지요.

전쟁 때문에 집을 잃은 사람들은 판자로 만든 허름한 집에 살았습니다. 아이들은 학교에도 가지 못했어요. 농사지을 땅은 너무 거칠고 메말라서 작물을 키우기도 어려웠지요.

외국의 학자들은 당시 우리나라의 모습을 보고 구석기 시대로 돌아갔다고까지 말했어요. 있는 건 사람과 돌멩이뿐이라는 뜻이지요. 구석기 시대와 비교될 만큼 우리나라가 처참하고 가난했던 거예요. 여러분은 그토록 가난했던 우리나라의 모습이 상상이 가나요?

이제는 그로부터 약 칠십 년의 시간이 흘렀습니다. 과거 6·25 전쟁에 참여했던 유엔군 용사들이 할아버지가 되어 다시 한국에 방문한 적이 있었는데요. 모두들 달라진 우리나라의 모습을 보고 깜짝 놀랐습니다. 폭격으로 부서진 건물의 잔해만 남아 있던 도시가 빽빽이 늘어선 차들과 고층 빌딩으로 가득 차 있었으니까요.

우리나라는 전쟁의 아픈 상처를 이겨 내고 엄청난 경제 발전을 이루었습니다. 돌이킬 수 없을 정도로 사이가 나빴던 남한과 북한도 시간이 흐르면서 조금씩 교류하기 시작했어요. 양쪽 지도자들이 한자리에 모여 통일의 방법을 논의해 여러 선언을 발표하기도 했고요. 세계의 평화를 위해 만들어진 단체인 '국제 연합'에 두 나라가 나란히 가입하기도 했습니다.

그리고 2000년 시드니 올림픽 개막식에는 남북 선수단이 함께 입장하며 하나가 되어 가는 대한민국을 보여 주었어요. 2018년에는 무려 세 차례나 남북 정상 회담이 열리면서 얼어붙었던 남북 관계에 봄바람이 불기도 했습니다.

물론 남북의 관계가 언제나 좋은 것만은 아니에요. 북한이 미사일을 발사하고 핵 실험을 하면서 관계가 다시 어려움에 빠진 적도 있지요. 하지만 하나씩 꼬인 매듭을 풀다 보면 남과 북도 진정으로 하나가 되는 순간이 올 거예요.

역사는 더 나은 미래를 꿈꾸게 한다

지금까지 남북이 통일을 향해 조금씩 걸어가는 모습을 살펴봤어요. 우리는 가끔 "왜 꼭 통일을 해야 하나요? 정말로 통일을 할 수 있나요?" 같은 질문을 던지곤 합니다. 사실 어른들도 통일에 대한 생각을 물어보면 저마다 다르게 대답하지요. 통일이라는 문제에 무관심한 사람도 있고 통일을 하는 데 드는 돈과 노력이 아깝다고 말하는 사람도 있어요. 그러나 통일이 갖는 중요한 의미를 부정할 수 있는 사람은 없을 것입니다.

우리는 지구상에서 유일한 분단국가예요. 한반도의 통일로 전쟁을 완전히 끝낼 수 있다면 세계의 평화에도 이바지하는 셈이에요. 남북이 활발하게 교류한다면 경제적 이익도 얻을 수 있고요. 도로나 건설 사업, 관광 사업 등도 함께 활발해질 테니까요.

또 북한을 자유롭게 드나들게 된다면 우리는 배나 비행기를 이용하지 않고 육지를 통해 다른 나라에 갈 수도 있어요. 여러분이 사는 지역의 기차역에서 "북한 신의주로 가는 표 한 장만 주세요"라고 말하는 모습을 떠올려 보세요. 나중에는 기차표를 끊어서 프랑스 파리도 가고, 러시아 블라디보

스토크도 갈 수 있겠지요. 통일이라는 우리 시대의 문제를 해결한다면 미래의 대한민국은 훨씬 건강하고 다채로운 나라로 성장할 거예요.

그렇다면 어떤 방식으로 통일을 해야 할까요? 우리는 뼈아픈 6·25 전쟁을 교훈 삼아 평화적으로 통일을 해야 해요. 주변 나라들이 우리 민족의 일에 간섭하지 않도록 해야 하지요. 오래 걸리더라도 서로를 조금씩 알아 가며 차이를 줄여 나가야 해요.

여러분도 평화로운 한반도를 꿈꾸어 봤으면 좋겠습니다. 우리 민족의 통일이 이루어진 미래의 한반도를요. 이전 시대의 사람들은 더 나은 사회를 꿈꾸며 불평등한 신분 제도, 가난, 일제의 식민 지배와 같은 역사적인 문제를 해결하려 노력했어요.

지금을 살아가는 우리에게도 역사적인 과제가 놓여 있어요. 민족의 통일입니다. 이를 위해 우

리가 힘을 합쳐 노력한다면, 하나가 된 대한민국을 꿈꾼다면 우리는 보다 새롭고 무한한 가능성을 가진 대한민국을 만들어 갈 수 있을 거예요.

나도 역사를 위해 무언가를 할 수 있을까요?

역사에 무임승차하지 말자

1987년 6월의 일입니다. 텔레비전 뉴스에서 사람들이 경찰을 향해 불이 붙은 유리병과 돌멩이를 던지는 장면이 나오고 있었죠. 그 사람들은 무언가를 외치며 시위를 벌였어요. '시위'는 많은 사람들이 한곳에 모여 행진하면서 자신의 주장을 펼치는 것이에요.

당시 고등학생이었던 저는 시위하는 사람들이 나쁘다고만 생각했어요. "나쁜 사람들, 왜 저렇게 나라를 혼란스럽게 만드는 거야!" 하면서요. 그때 저는 세상이 어떻게 돌아가는지 전혀 모른 채 공부만 파고들던 학생이었거든요.

시간이 흘러 대학교에 들어가 역사를 공부하는 학과에서 공부를 하게 되었습니다. 열심히 공부해서 힘들게 들어간 대학에는 고등학교 때 텔레비전에서 보았던 '나쁜 사람들'이 가득했어요.

대학교 신입생 때만 해도 저는 시위하는 사람들이 나쁘고 무섭다는 편견을 버리지 못했지요. 학생이면 학생답게 공부나 열심히 할 것이지, 왜 거리로 뛰어나가 세상에 대한 불만을 외치고 누군가와 맞서 싸우려고 하는지 이해할 수가 없었거든요.

하지만 어렵게 들어간 학교를 그만둘 수는 없잖아요. 학교를 다니며 그 '나쁜 사람들'과 함께 수업도 듣고, 밥도 먹게 되었습니다. 그러면서 처음으로 그들의 이야기에 귀를 기울이게 되었어요. 그러면서 고등학교 때 텔레비전에서 보았던 그 사건이 바로 '6월 민주 항쟁'이라는 것도, 왜 수많은 사람들이 거리로 나와 시위를 벌였는지도 알게 되었어요.

역사의 진실이 무엇인지 깨닫고 난 후 얼마나 부끄러웠는지 몰라요. 그때서야 비로소 민주주의가 얼마나 소중한 것인지, 어떤 노력을 통해 이룰 수 있었는지 깨닫게 되었죠.

학교에서 반장이나 학생 회장 선거를 해 본 적이 있을 거예요. 만약 1학년 때 반장을 했던 친구가 제대로 된 선거를 거치지 않고 다음 학년, 그 다음 학년에도 계속 반장을 하려고 한다면 어떨까요? 또 친구들과 아무런 상의도 없이 소풍 장소나 급식 메뉴를 마음대로 바꿔 버린다면요? 아마도 뭔가 잘못되었다는 생각이 들겠죠.

앞서 3·1 운동을 설명하면서 나라를 다스릴 때 가장 기본이 되는 원칙이자 가장 최고의 법인 헌법에 대해 소개한 적이 있는데요. 헌법에는 대한민국의 주인이 국민이며, 모든 힘과 권력이 국민으로부터 나온다는 가장 중요한 내용이 담겨 있습니다.

헌법은 민주주의를 보호하기 위해 존재하기 때문에 절대 함부로 그 내용을 바꿔서는 안 돼요. 하지만 우리나라의 헌법은 처음 만들어진 후 사십 년이 채 안 되는 시간 동안 무려 아홉 번이나 바뀌었어요.

우리나라 헌법은
왜 아홉 번이나 바뀌었나요?

민주주의는 국민이 나라의 주인이 되는 정치 제도예요. 선거를 통해 나라의 대표로 뽑힌 지도자는 당연히 국민과 맺은 약속을 지켜야 하지요. 국민들이 자신의 뜻을 대신해 줄 사람으로 뽑은 거니까요.

그렇지만 대한민국의 지도자 중에는 헌법을 마음대로 고치면서 국민들의 권리를 빼앗은 사람도 있었어요. 이렇게 민주주의에 필요한 과정을 무시하고 권력을 지도자 마음대로 휘두르는 것을 '독재 정치'라고 불러요. 대한민국 정부가 세워진 뒤 꽤 오랜 기간 독재 정치가 펼쳐집니다.

대한민국의 첫 대통령은 이승만이에요. 그는 1948년부터 1960년까지 헌법을 두 번이나 고치면서 계속해서 대통령이 되었습니다. 그리고 1960년에 열린 대통령 선거에도 다시 나오지요. 이때 이승만의 나이는 팔십육 세였어요. 다른 대통령 후보가 없었기 때문에 다시 한번 대통령에 당선되는 것이 거의 확실했습니다.

하지만 이승만의 나이가 워낙 많다 보니 대통령이 된 다음 건강이 나빠질 수도 있는 거잖아요? 당시에는 대통령이 임기를 마치지 못하고 사망하면 부통령이 그 자리를 이어받도록 되어 있었어요. 그래서 1960년 선거에서는 대통령보다 부통령에 누가 당선되는가에 더 많은 관심이 쏠렸습니다.

당시 정권을 잡고 있던 자유당은 부통령 선거를 조작해서 자유당 부통령 후보였던 이기붕을 당선시키려 했어요. 그런데 이기붕은 상대 후보인 장면보다 인기가 없었지요. 그래서 벌어진 사건이 '3·15 부정 선거'예요. 자유당은 미리 이기붕을 찍어 놓은 표를 투표함에 넣는 등 온갖 방법을 동원해 선거 결과를 조작했습니다. 당연히 이기붕이 당선되었지요.

이런 말도 안 되는 모습을 보고 가장 먼저 학생들이 들고일어납니다. 학생들이 학교에서 배운 민주주의와는 전혀 다른 모습이 나타나고 있었기 때문이에요. 학생들이 시작한 시위는 전국 각지로 퍼져 나갔습니다.

4월 19일에는 전국 곳곳에서 학생과 시민들이 들고일어났어요. 초등학생들도 거리로 나와 독재 정권에 반대하는 시위에 참여했죠. '4·19 혁명'이 시작된 거예요. 시민들은 부정 선거와 독재 정치에 반대하며 시위에 나섰습니다. 이때 경찰이 총을 쏴서 수많은 학생들이 희생되기도 했어요. 하지만 이승만 정부도 시민들의 뜻을 꺾지는 못했어요. 결국 이승만은 모든 것을 내려놓고 대통령 자리에서 물러납니다.

4·19 혁명은 우리나라 역사에서 엄청난 의미를 가져요. 국민의 힘으로 독재 정권을 무너뜨린 사건이니까요. 불의에 맞서 민주주의의 힘을 보여 준 거죠. 그래서 이후 대한민국 헌법 전문에는 "4·19 민주이념을 계승한다"라는 말이 들어가게 됩니다.

지금의 헌법은
언제 만들어졌나요?

4·19 혁명 이후로도 진정한 민주주의에 이르는 길은 멀고 험난했어요. 4·19 혁명이 일어나고 일 년이 조금 지난 상황에서 정치군인들이 권력을 장악하거든요. 나라가 위기에 빠졌다고 하면서요.

이승만 대통령이 물러난 뒤 우리나라에서는 국민들이 다양한 요구를 하며 목소리를 내기 시작했습니다. 자신들의 힘으로 독재 정권을 몰아내고 새로운 정부를 만들었으니 당연한 일이었죠. 그러면서 의견이 달라 충돌하는 일도 생겼어요.

선생님은 민주주의의 본질이 '의견이 많아 시끄러운 것'이라고 생각해요. 사람마다 가진 생각은 모두 다르니까요. 모두가 같은 의견을 가질 수밖에 없다면 민주주의가 아닙니다. 그런데 이런 자연스러운 상황을 위기라고 생각하는 사람들도 있었어요. 바로 정치군인들이었죠.

1961년 군인 출신인 박정희가 군대의 힘을 이용해 정권을 차지해요. 그는 대통령이 된 후 헌법을 바꿔 가며 오랜 시간 대통령 자리를 유지했습니다. 나중에는 유신 헌법을 만들어 대통령인 자신에게 막강한 권력을 부여했어요. 이때 대통령은 최고의 법인 헌법마저 넘어서는 권력을 휘둘렀죠.

　그렇지만 이런 상황 속에서도 국민들은 포기하지 않고 계속해서 민주화를 요구했어요. 나중에 박정희 대통령이 부하의 총에 맞아 사망하면서 박정희 대통령의 장기 집권은 막을 내립니다.

　박정희 정권이 무너지자 사람들은 드디어 이 땅에 진정한 민주주의가 꽃피울 것이라고 생각했어요. 하지만 전두환을 중심으로 하는 또 다른 정치군인 세력이 반란을 일으켜 권력을 차지합니다.

　또다시 군인 세력이 나라의 권력을 불법으로 차지하자 전국 곳곳에서 이를 반대하는 시위가 벌어져요. 그러자 권력을 잡은 군인 세력은 이를 위급한 상황이라고 보고 전국에 비상계엄령을 내립니다. 계엄령은 쉽게 말하면 국가의 위기 상황에서 군대가 강력한 통치 권력을 갖는 거예요.

비상계엄이 선포되자 시위는 잠시 잠잠해졌어요. 하지만 전라남도 광주에서는 1980년 5월 18일 학생과 시민들이 시위를 멈추지 않고 군인 정권에게 물러나라고 요구하는데요. 이를 '5·18 민주화 운동'이라고 합니다.

전두환은 광주에 군인과 경찰들을 보내 시위를 벌이던 학생과 시민들을 폭력적인 방법으로 탄압했습니다. 탱크와 헬리콥터까지 동원해 시민들에게 무자비하게 총을 쐈지요. 결국 수많은 광주 시민들이 희생되며 5·18 민주화 운동은 막을 내리고 맙니다. 전두환은 이후 대통령에 당선되어 독재 정치를 펼쳤죠.

그렇다면 5·18 민주화 운동은 실패한 역사일까요? 결코 그렇지 않아요. 5·18 민주화 운동에서 시작된 민주주의의 씨앗은 계속 자라나 6월 민주 항쟁이라는 꽃으로 피어나거든요.

전두환 정부는 민주화 운동을 하는 사람들을 경찰서로 끌고 가 조사하고 심지어 고문하기도 했습니다. 그리고 국민들이 대통령을 직접 뽑는 직접 선거제가 아닌 선거인단이 대신 투표하는 간접 선거제를 유지하려고도 했지요. 국민의 요구와 상관없이 계속 권력을 이어 가려 한 거예요.

하지만 1987년 6월 수많은 사람들이 거리로 나가 전두환 정부의 독재 정치에 항의했어요. 국민들은 직접 대통령을 뽑는 대통령 직선제로 헌법을 고치라고 요구하면서 시위를 벌였죠. 6월 민주 항쟁이 벌어진 거예요. 시위는 점점 커졌고 전두환 정부는 정의로운 사회를 바라는 국민들의 요구를 더 이상 외면할 수 없었습니다.

결국 전두환 정부는 국민들의 요구를 받아들인다는 뜻을 밝히고 대통령 직선제로 헌법을 바꿉니다. 지금도 대통령은 국민이 직접 투표를 통해 뽑죠? 이때 만들어진 헌법이 오늘날까지 쭉 이어지고 있는 거예요.

4·19 혁명부터 6월 민주 항쟁까지 이어진 민주화 운

동은 오늘날 우리가 숨 쉬듯 누리고 있는 민주주의를 선물해 준 고마운 역사입니다. 인간이 마땅히 누려야 할 권리인 자유와 평등을 되찾게 해 주었지요.

불의를 참지 않고 용기를 내 거리로 나선 평범한 사람들, 그분들의 투쟁과 저항이 있었기에 오늘날 우리는 약속이 지켜지는 사회에 살 수 있는 것입니다.

역사는 꿈꾸는 사람들의 기록이다

선생님은 역사를 공부하면서 수많은 인물을 만났어요. 그들 중에서는 자신의 행복과 편안함은 뒤로 한 채 평등한 세상을 위해, 나라의 독립을 위해, 민주화를 위해 삶을 송두리째 바친 사람들이 있었죠.

선생님은 스스로에게 질문을 던졌습니다. "지금 이 시대 앞에서 나는 무엇을 해야 할까?"라고요. 그리고 여기에 대한 대답으로 나 자신과 약속했어요. 언젠가는 꼭

'나'만이 아닌 '우리'를 위한 일을 하겠다고 말이죠.

우리는 역사를 통해 어떻게 살아야 하는지에 대한 답을 찾을 수 있습니다. 역사는 보다 건강하고 의미 있는 삶, 많은 사람들에게 도움을 주는 삶을 선택하는 기준이 되어 주거든요. 이것이 우리가 역사를 공부해야 하는 이유지요.

이 책에 등장하는 모든 역사는 더 나은 미래를 꿈꾸며 살았던 사람들에 관한 기록입니다. 역사 속 사람들은 자신이 살아가는 시대에 주어진 과제를 해결하기 위해 피, 땀, 눈물을 흘리며 노력했어요.

그 덕분에 우리는 불평등한 신분 제도에서 해방되었어요. 일본의 식민 지배에서도 벗어날 수 있었습니다. 또 이제는 전쟁으로 인한 가난을 극복하고 대통령을 우리가 직접 뽑을 수 있는 시대를 살게 되었지요. 더 좋은 세상을 만들겠다는 꿈을 꾸었던 그들 덕분에 우리는 정말 많은 선물을 받았습니다.

현재 대한민국은 세계 십 위권의 경제 강국이자, 세계

의 문화를 이끄는 주역이 되었습니다. 하지만 아직도 해결해야 할 많은 문제들이 남아 있어요.

제일 중요한 문제는 한반도의 평화 통일입니다. 가난한 사람과 돈 많은 사람의 차이가 점점 벌어지고 있는 문제도 해결해야 해요. 안전을 위한 제도 및 시설을 잘 정비해서 끔찍한 사고와 재난이 없도록 해야 하고요.

그 외에도 환경이나 교육 문제 등도 더 나은 대책을 마련해야 할 것입니다. 주위에서 벌어지는 일에 관심을 기울이다 보면 여러분도 이러한 문제를 해결할 방법을 하나씩 찾을 수 있을 거예요.

지금까지 많은 사람들을 만나 봤습니다. 어때요? 여러 사람들의 이야기를 들으니 재미도 있고 감동도 있지 않나요?

기억하세요. 우리가 역사 속에서 만난 사람들이 지켜 내고자 했던 사람은 누구였을까요? 바로 지금의 '나' 그리고 '우리'입니다. 이런 사실을 역사를 통해 알 수 있기에 역사는 '쓸모'가 있는 거랍니다.

여러분, 우리 또 만나요!

사진으로 만나는 문화유산

역사 속 사람들이 남긴 문화유산을 통해 당시 사람들의 생활 모습과 생각 등을 알아볼 수 있어요.

남한산성 지화문

남한산성은 조선 시대에 조선의 수도 한양을 지키던 산성이에요. 산성이지만 전쟁이 일어나면 임금과 백성들이 대피할 수 있도록 넓은 분지에 지어졌지요. 병자호란 당시 인조와 신하들이 피란을 떠난 곳도 바로 남한산성이었어요. 이곳에서 조선은 사십칠 일 동안 버팁니다. 청도 험한 산속에 있는 남한산성을 함락시키지는 못했어요. 그렇지만 조선은 식량이 떨어지며 청에 항복할 수밖에 없었지요.

ⓒ 국가유산청

서울 삼전도비

청에 항복한 인조는 지금의 서울시 송파구에 있는 삼전도로 나와 청 황제에게 삼배구고두의 예를 올려요. 삼배구고두는 황제를 만날 때 세 번 절하고 아홉 번 머리를 조아리는 의식이에요. 이렇게 굴욕적으로 전쟁이 끝난 뒤 청은 황제의 은혜를 기념하는 비석을 세우도록 강요합니다. 그래서 인조가 항복했던 삼전도에 삼전도비를 세우게 되지요. 현재 삼전도비는 처음 세워졌던 그 자리에서 아프지만 잊지 말아야 할 우리의 역사를 기억하도록 해 주고 있습니다.

ⓒ 한국학중앙연구원

수원 화성

수원 화성은 조선 정조 시기에 지어진 성곽으로, 정약용이 건설에 참여한 것으로도 유명합니다. 정약용은 조선과 중국의 성 쌓는 기술을 연구해서 화성 건설 계획을 세웠다고 해요. 또 무거운 물건을 쉽게 들어 올릴 수 있는 거중기 같은 기계를 만들어 공사에 들어가는 비용도 줄였습니다.

수원 화성은 조선 후기의 발달한 축성 기술을 알려 주는 귀중한 문화유산으로, 1997년 유네스코 세계 유산에 등재되었습니다.

ⓒ 국가유산청

강진 정약용 유적

강진 정약용 유적은 정약용이 정조의 죽음 이후 유배를 떠나 머물던 곳이에요. 정약용은 이곳에서 십일 년 동안 머물면서 《목민심서》, 《경세유표》, 《흠흠신서》 등 무려 오백여 권의 책을 집필하죠. 원래는 작은 초가집이었는데, 복원 공사를 하는 과정에서 기와집으로 바뀌었습니다.

ⓒ 국가유산청

목민심서

《목민심서》는 정약용이 유배 중에 집필한 책입니다. '목민'은 백성을 다스리고 기른다는 뜻을 담고 있어요. 이 책은 당시 지방에서 백성을 다스리던 수령들의 잘못된 행동을 지적하면서 수령의 올바른 마음과 행동을 알려 주고 있습니다.

ⓒ 국립중앙박물관

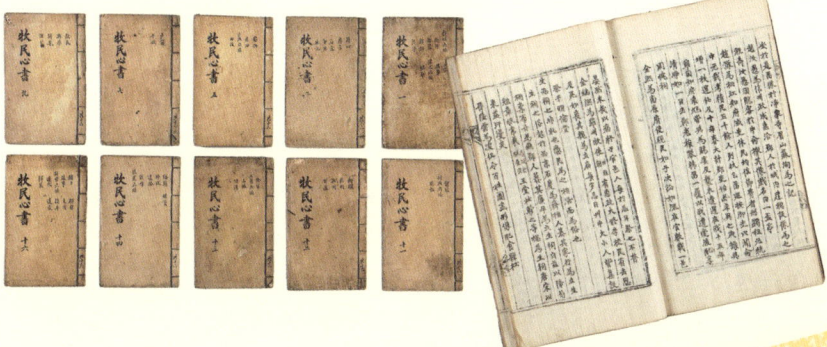

양산 대원군척화비

신미양요를 겪은 뒤 흥선 대원군은 전국 곳곳에 척화비를 세웁니다. 척화비에는 '서양 세력과 손잡자고 말하는 것은 나라를 팔아넘기는 짓'이라고 쓰여 있어요. 더 이상 나라의 문을 열자는 말을 꺼내지 말라는 거죠. 대원군은 이러한 척화비를 수백 개 만들어 세웠지만 지금은 일부만 남아 있습니다.

ⓒ 국가유산청

강화 광성보

조선 후기가 되면 나라 바깥에서 변화의 바람이 불어오기 시작합니다. 서양 세력들이 접근하고 있었던 거죠. 당시 조선을 다스리던 흥선 대원군은 통상 수교 거부 정책을 펼치며 접근하는 서양 세력과의 교류를 거절했어요. 그 과정에서 1866년 프랑스군이 강화도를 침략하며 병인양요를, 1871년에는 미군이 강화도에 쳐들어오며 신미양요를 겪게 됩니다.

신미양요 당시 미군과 조선군이 마지막으로 맞붙은 곳이 바로 광성보였습니다. 이때 광성보를 지키던 사람은 어재연 장군이었어요. 어재연은 광성보에서 끝까지 싸우다 전사합니다. 하지만 조선군의 강한 저항에 질린 미군은 광성보 전투를 치른 뒤 강화도에서 철수하지요.

ⓒ 국가유산청

서울 우정총국

우정총국은 1884년 우편 업무를 담당하기 위해 조선 최초로 세워진 기관입니다. 지금의 우체국과 비슷한 곳이라고 생각하면 돼요. 하지만 그해 급진 개화파가 이곳에서 갑신정변을 일으켜요. 우정총국은 세워진 지 얼마 지나지 않아 문을 닫게 되지요. 우정총국은 우리나라에서 최초로 근대적 우편이 시작된 곳이자 갑신정변이 일어난 장소로 역사적인 가치가 매우 크다고 할 수 있습니다.

ⓒ 국가유산청

화성 제암리 3·1 운동 순국 유적

화성 제암리는 3·1 운동 당시 치열한 만세 시위운동이 일어났던 곳이에요. 일본군은 시위를 진압하는 과정에서 제암리에 있는 열다섯 살 이상의 남자를 모두 교회로 모은 뒤 문과 창문을 잠그고 사람들을 총으로 쏴 죽였습니다. 그리고 시신에 불까지 질렀지요. 이때 죽임을 당한 사람은 스물세 명이었다고 해요. 이 사건은 일제가 얼마나 잔인한 방식으로 3·1 운동을 진압했는지 보여 줍니다.

ⓒ 한국관광공사

서울 서대문 형무소

일본은 본격적으로 우리나라를 침략하면서 일본에 반대하는 사람들을 잔인하게 탄압했습니다. 그러면서 독립운동가를 잡아 가두기 위해 1907년 '경성 감옥'을 세워요. 경성 감옥은 점차 규모가 커지면서 1923년에는 '서대문 형무소'라는 이름으로 바뀝니다. 일본은 이곳에 수감된 사람들을 온갖 방식으로 고문했어요. 또 형무소의 환경도 너무 나빠서 여름에는 전염병으로, 겨울에는 얼어 죽는 사람이 생기곤 했죠. 그렇지만 이런 무자비한 시설도 독립을 원하는 우리 민족의 간절한 소망을 없애지는 못했습니다.

ⓒ 국가유산청

국립 5·18 민주 묘지

5·18 민주화 운동 당시 전두환이 이끄는 신군부는 시위를 진행하던 시민들을 반란군으로 몰며 군대를 동원해 무자비하게 진압했어요. 이 과정에서 너무나 많은 사람들이 죽었지요. 이때의 모든 기록은 지금 유네스코 세계 기록 유산으로 등재되었습니다. 민주주의를 위한 투쟁은 전 세계가 함께 지켜야 할 유산이니까요.

국립 5·18 민주 묘지에는 당시 우리나라의 민주주의를 위해 투쟁하다 희생되신 분들이 잠들어 있어요. 매년 5월 18일에는 이곳에서 5·18 민주화 운동을 기념하는 행사가 열립니다.

ⓒ 국가유산청

오두산 통일전망대

오두산 통일전망대는 둘로 나뉘어 있는 우리 민족의 현실을 보여 주고 통일의 꿈을 키우기 위해 만들어졌다고 합니다. 전망대에서는 개성의 송악산이 보이고 날씨가 좋으면 북한 주민들의 모습도 멀리서나마 볼 수 있어요. 우리가 함께 노력한다면 언젠가는 전망대에서 바라보는 것이 아니라 두 발로 북한 땅을 돌아다닐 날이 오지 않을까요?

ⓒ 경기도청

추천사

《어린이를 위한 역사의 쓸모》를 추천해 주신 선생님들

이 책은 정말 쓸모 있습니다. 단순히 반복하고 외우는 역사에서 벗어나 과거 사람들이 만들어 낸 진짜 '역사'를 마주하고 그들을 이해하고자 하는 사람들에게 추천합니다.
– 고병관 선생님(화홍고등학교)

역사를 통해 어린이의 눈높이에서 현재를 돌아볼 수 있게 하는 역사 나침반!
– 공선애 선생님(연희초등학교)

아이들이 지금을 어떻게 살아가야 할지 알려 주는 길잡이 같은 책!
– 김미혜 선생님(선창초등학교)

시험을 위한 역사가 아닌 인생의 올바른 선택을 돕기 위한 역사를 알려 주는 책.
– 김민주 선생님(부인중학교)

사랑하는 조카들과 함께 읽을 수 있는 역사책을 발견해서 정말 기쁩니다.

— 김재훈 선생님(성사고등학교)

'역사의 쓸모'를 진심으로 알려 주려는 최태성 선생님의 마음이 느껴져 어른인 저도 감동을 받았습니다. 앞으로의 역사를 써 내려갈 어린이에게 꼭 필요한 울림을 주는 책입니다.

— 김효주 선생님(호수초등학교)

단연 최고의 어린이 인문학 책입니다!

— 박혜아 선생님(관양초등학교)

어린이의 시선에서 풀어낸 역사 속 궁금한 이야기.

— 손선혜 선생님(솔터고등학교)

어린이들에게 역사란 사실과 의미 그리고 가치로 구성되어 있다는 것을 알려 주는 훌륭한 역사 입문서!

— 송민휘 선생님(주곡중학교)

역사를 삶의 지혜로 바라보게 해 주었던 원작의 감동을 이제는 아이들과 나눌 수 있어 기쁩니다.

— 안도연 선생님(안산초등학교)

머릿속에 그려지는 문장으로 풀어낸 우리나라 역사 이야기.

— 우민경 선생님(서울가락초등학교)

이 책을 읽으면 어린이도 쉽게 역사를 이해할 수 있겠다는 생각이 들었습니다. 우리 반 아이들에게 추천해 주고 싶은 책입니다.

— 이승우 선생님(밀성초등학교)

어린이에게 꿈과 가능성에 대한 용기를 불어넣어 주는 책입니다.

- 조은설 선생님(옥빛초등학교)

교사로서 아이들과 함께 꼭 나누고픈 이야기들이 담겨 있습니다.

- 최금주 선생님(동작초등학교)

이 책을 통해 역사는 정말로 현재를 살아가는 데 필요한 '쓸모 있는' 과거가 되었습니다.

- 최영지 선생님(진접고등학교)

우리나라 최고의 역사 선생님이 가르쳐 주는, 내 아이에게 들려주고 싶은 삶의 지혜.

- 최지은 선생님(의왕초등학교)

앞이 깜깜한 어둠 속, 여러분에게 한 줄기 빛으로 다가올 역사책!

- 한진영 선생님(의왕초등학교)

역사를 통해 세상을 넓고 깊이 있게 바라보는 시선을 길러 주는 최고의 책!

- 허두영 선생님(국립전통예술고등학교)

강은현 선생님(덕현초등학교) / 공미라 선생님(인창중학교) / 공수현 선생님(범계초등학교) / 구주영 선생님(서울두산초등학교) / 권현숙 선생님(안양중앙초등학교) / 김여원 선생님(관양초등학교) / 김예린 선생님(강동초등학교) / 김은영 선생님(인창중학교) / 김은희 선생님(서이초등학교) / 남영숙 선생님(오산초등학교) / 박지혜 선생님(신동초등학교) / 박진선 선생님(인제초등학교) / 신외슬 선생님(범계초등학교) / 신혜영 선생님(선행초등학교) / 심명원 선생님(포남초등학교) / 유재원 선생님(번동초등학교) / 이명숙 선생님(의왕초등학교) / 이서윤 선생님(우이초등학교) / 이지은 선생님(인창중학교) / 이현정 선생님(다산한강중학교) / 임성은 선생님(부천여자중학교) / 조미희 선생님(호원중학교) / 최혜정 선생님(인창중학교) / 홍금희 선생님(감일중학교) / 홍기윤 선생님(호계중학교)

○ 출간 즉시 베스트셀러
○ 어린이 역사 분야 1위!

어린이의 미래에 필요한 모든 답은
역사에 있다!

마음껏 상상하며 나를 채워 나가는 어린이 인문학

❶ 선사 시대 – 남북국 시대

❷ 고려 시대 – 조선 전기

❸ 조선 후기 – 근현대

어린이를 위한
역사의 쓸모

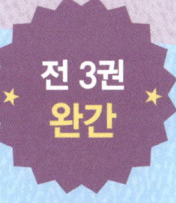
전 3권 완간

이 책을 통해 얻을 수 있는 3가지

◆ 역사 속 사람들과 함께 찾아가는 나의 꿈
◆ 과거를 바라보며 현재를 이겨 내는 용기
◆ 억지로 외우지 않고 자연스럽게 배우는 역사의 지혜

어린이를 위한
역사의 쓸모 ❸ 조선 후기 - 근현대

초판 1쇄 발행 2022년 11월 17일
초판 5쇄 발행 2024년 10월 31일

글 최태성 그림 신진호 감수 별★별 한국사 연구소(곽승연·이상선·김혜진)
펴낸이 김선식

부사장 김은영
어린이사업부총괄이사 이유남
책임편집 마정훈 디자인 이정아 책임마케터 안호성
어린이콘텐츠사업5팀장 이현정 어린이콘텐츠사업5팀 남정임 조문경 마정훈 조현진
마케팅본부장 권장규 마케팅3팀 최민용 안호성 박상준 김희연 송지은
미디어홍보본부장 정명찬
편집관리팀 조세현 김호주 백설희 저작권팀 이슬 윤제희 제휴홍보팀 류승은 문윤정 이예주
재무관리팀 하미선 임혜정 이슬기 김주영 오지수
인사총무팀 강미숙 김혜진 황종원
제작관리팀 이소현 김소영 김진경 최완규 이지우 박예찬
물류관리팀 김형기 김선민 주정훈 김선진 한유현 전태연 양문현 이민운

펴낸곳 다산북스 출판등록 2005년 12월 23일 제313-2005-00277호
주소 경기도 파주시 회동길 490 전화 02-704-1724 팩스 02-703-2219
다산어린이 공식 카페 cafe.naver.com/dasankids
종이 스마일몬스터 인쇄 한영문화사 제본 대원바인더리 후가공 평창피앤지

ISBN 979-11-306-9497-9 73910

+ 책값은 뒤표지에 있습니다.
+ 파본은 본사 또는 구입하신 서점에서 교환해 드립니다.
+ KC마크는 이 제품이 공통안전기준에 적합하였음을 의미합니다.
+ 아이들이 책을 입에 대거나 모서리에 다치지 않게 주의하세요.
+ 이 책은 아모레퍼시픽의 아리따돋움꼴을 사용하여 디자인되었습니다.
+ 이 책은 저작권법에 의하여 보호를 받는 저작물이므로 무단 전재와 복제를 금합니다.